日本統治時代・朝鮮の「国語」教科書が教えてくれること

はじめに

みなさんは小学生のとき、どの教科が好きでしたか?

私は「国語」が得意でした。物語を読むことが好きだった私にとって、「国語」の教科書はさまざまな作品を一冊で読める楽しい読み物でした。子どものために物語を選んでくれる大人が周りにあまりいなかったので、未知の作品や作家に出会う扉として「国語」の教科書の存在は大きかったのです。

そんな私が大学で、日本統治時代の朝鮮で使用された教科書『朝鮮総督府編纂《へんさん》 国語読本』に出会ったのは、今から三〇年ほど前のことです。朝鮮（現在の朝鮮民主主義人民共和国・大韓民国のエリア）が日本の植民地でなくなってから四〇年以上が経っていました。一九八五年に一九二二～一九二八年（第二次朝鮮教育令期）に使用された朝鮮人学童向けの全教科の教科書が復刻され、その解説書である『日本は朝鮮で何を教えたか』（旗田巍編著）を、たまたま図書館で見つけたのがきっかけでした。そのなかにあった、佐藤秀夫氏の文章に私は強く心を動かされました。

旧植民地・占領地域の現地の子ども用に植民者により編まれた教科書は現在しばしば「幻の教科書」と呼ばれている。（中略）だが、いうまでもなくそれは決して「幻」ではなく、現地の子どもたちに屈辱とともに「同化」を強いたまぎれもない実在の教科書であった。それを今なお「幻」と呼びつづける日本人の意識には、日本が関わった旧植民地に対する清算主義的な無関心さがたくまずして表現されているように思えてならない〔佐藤　一九八七：一八〕。

「幻の教科書」――国語教育ゼミに所属し、卒業論文のテーマに悩んでいた私は「私が探しているのはこれかもしれない」と感じ、すぐにゼミの担当教授に相談しました。実はその本には、復刻された「国語」教科書を編纂したのが芦田恵之助《あしだえのすけ》だとも書かれていました。

芦田恵之助！　国語教育ゼミの学生として、その名まえを何度聞いていたことか！　折しも、『芦田恵之助国語教育全集』全二五巻が刊行された時機でもありました。しかし興奮する私とは対照的に、恩師は「ああ、『朝鮮読本』ですね」と淡々としていました。実は国語教育の研究者にとって、芦田が朝鮮で教科書編纂の仕事をしたことは常識的な知識だったのです。そして、その教科書が内地の国語教科書を「国定読本」と呼ぶことに対照して「朝鮮読本」と呼ばれていること、芦田の著作にも朝鮮読本編纂に関する記述があることを教えてくださいました。そして、「教科書本体は僕も見たことがないのです」と言われました。まさに佐藤氏の指摘通り、存在だけが知られた「幻の教科書」だったわけです。その日から、私は「朝鮮読本」に研究テーマを定め、まずは日本統治期の教育政策について勉強を始めました。

ところで、さきほど「卒業論文のテーマに悩んでいた」と書きました。私は大学一年生の夏に、あるきっかけから在日コリアン子ども会*にボランティアの指導員補助として参加しました。ふだんは放課後、夏休みなどの長期休暇中は九時から五時まで、主に小学生の子どもたちが通ってきます。卒業生である中学生や高校生も、長期休暇中は受験勉強や宿題をするために三々五々やってきます。そんな空間で、私は補助スタッフとして、夏休み四〇日間を過ごしました。

在日コリアンのコミュニティのなかに、日本人である私が行く——社会のなかでは私の方が圧倒的にマジョリティ・多数派の位置にいますが、そこに行けば私のほうが少数派です。事前に在日コリアンの歴史や子ども会が生まれた経緯、活動理念などを学び、緊張しつつ迎えた初日でしたが、拍子抜けするぐらい小学生の子どもたちは人懐っこく、「あそぼう！」と私を輪のなかに入れてくれました。三〇分ほど一緒に鬼ごっこをして、私は、ああよかったとすっかり気が緩んでいました。そして九時になり、朝の会を行う場に移動するために、一年生の子と手をつないで廊下に出ました。

「おねえちゃん、なまえ、なんていうん？」

「きたがわともこ。これから毎日来るから。覚えてな」

私の顔を見上げたその子は明らかに当惑していました。そして少し首をかしげてか

＊在日コリアン子ども会
大阪府下の在日コリアン集住地区にあり、通う子どもたちのほとんどは近くの公立小中学校の在籍生でした

○コラム・1
本名宣言
一九七〇年代、日本の学校に在籍する在日コリアンの子どもの多くが日本風の通称名を名のっている現実こそが、民族名では生きづらい日本社会の差別の現れだと認識した教員たちがおしすすめた、反差別・人権教育実践の一つ。当事者が「名のる」だけでなく、周りの子どもたちや教職員が民族名を正しく「呼ぶ」ことを通じて、偏見を克服し、差別を許さない学級、学校づくりをめざすものでした。

ら、こう言ったのです。

「そうじゃなくて。ちょうせんのなまえは？」

今度は私が戸惑う番でした。そうか、ここに日本人が来ることの方がイレギュラーなのだ。そんなことはわかっていたはずなのに……。

「あんな、おねえちゃんは、日本人やねん。やから、日本の名まえしかないねん」

やっとそう答えた瞬間、走り回った後の熱を帯びて温かかったその子の手のひらが、急激に冷たく、硬くなりました。冷たくなっていく手を握り返しながら、私は自分がなんて浅はかだったのだろうと思いました。

あとで、指導員さんから話を聞きました。三きょうだいの末っ子で、きょうだいが学校で本名宣言をしていたため、その子は入学時から民族名だったこと。入学後すぐ、日本語と異なる名前の音を同級生にからかわれ、泣いたこと。学校に行きたくないと渋り続けたこと。学校と子ども会の取り組みで、ようやく落ち着いたころに夏休みに入ったこと……。

その子にとって、子ども会は自分と同じ響きの名まえで呼ばれる子どもや大人しかいない安心の空間だったのです。その空間に、のこのこやってきた日本人の私が警戒されるのは当然だと思いました。なぜなら私は、その子をからかった子どもと同じ日本人です。他の子どもたちもきっと、大なり小なり「この日本人はどういう人なのか」と考えながら私を見ているのだろうと思いました。高学年や中学生の子どもたちは、毎年夏休みに日本人の大学生が補助指導員としてやってくることを知っているので「ここに来る人は問題ない」と思っていることも、その一日を過ごすうちにわかってきました。つまり、これまで通ってきた先輩たちが「信頼に足る日本人もいる」と身をもって証明してきた積み重ねの上で、私はここにいられるのだと理解したのです。であれば、私がするべきことは、とにかく子どもたちの名まえを早く覚えて正確に呼ぶこと、名まえを呼びながら毎日遊ぶこと、毎日休まずに来ることだと思いました。そして、夏休みが終わっても、折に触れて子ども会に行きました。こう書くと、なにか使命感に駆られて通ったように思われそうですが、子どもたちや地域の人たちと一緒に過ごすことが楽しい、というのが一番の理由です。その当時からのつきあいは今でも続いていて、私の人生を豊かにしてくれています。

しかし、そんな楽しいつきあいのなかで、私は「国語」の授業や教材を学ぶ専攻に所属する日本人の自分が為すべきことは何だろうか、と悩むようにもなりました。

先に引いた佐藤氏の言にもあるように、かつて日本は日本領になった地域に「国語」として日本語使用を強制しました。それだけでなく、一九四五年以降も、在日することになった旧植民地出身者がルーツのことばや文化、歴史を学ぶことに対して好意的ではなく、むしろ弾圧する政策をとってきました。二一世紀に入ってようやく、外国ルーツの子どもたちの母語や母文化の尊重、多文化共生教育の重要性に文部科学省が言及するようになりましたが〔文部科学省 二〇一九〕、それもかつての同化教育の反省に立ったものとはいえません。今も在日コリアンの多くは日本名を使用し、ルーツの言語や文化を学べる場も限られています。私が通った子ども会も、厳しい差別のなかで保護者の就労状況や生活は苦しく、ともすれば自身のルーツを否定しがちな子どもたちの居場所として、なかまと出会い、ルーツについて学ぶことを活動の柱にしていました。

そこで出会う子どもたちは日本統治下の朝鮮から日本にやってきた祖父母をもつ三世がほとんどで、母語は既に日本語でした。二世の親世代も一世の話す朝鮮語を断片的に理解しつつ、自分は日本語しか話せないという人がほとんどでした。敗戦直後の日本で在日コリアンの人びとが自主的につくった「学校」に通った経験のある人もいましたが、同時にその学びの場を奪われ、潰された経験もある人たちでした。つまり日本統治下で朝鮮語を取り上げられ、帰郷もかなわず日本で暮らすことになり、文化や言語を取り戻す道も閉ざされてきた、そんな歴史を生き抜いてきた人たちでした。

　日本の学校で、そこにつながる児童生徒が多いからといって朝鮮語や中国語を外国語授業として時間割に入れることはありません。英語教育には熱心でも、目の前の子どもにつながることばには関心を払わない学校のあり方は、そのまま日本社会の、身近に暮らす外国人／海外につながる人びとへの無関心を映す鏡です。日本国籍を持たない子ども、日本以外の多様な国や地域につながる子どもが、ともに机を並べて学ぶ場で、ある一つの言語を「国語」という名称で絶対視し、外国語といえば英語だけ、それでいいのでしょうか。日本語も英語も朝鮮語も中国語も、どれもその使用者にとって大切な言語であり、本来その価値は等価のはずです。もちろん、日本語は日本社会における公用語なので、学習の中心になるのはやむを得ませんが、それでも「国語」という名称は適切といえるでしょうか。

　そんなモヤモヤした思いを抱えながら、私は「国語」教育のゼミにいました。最初に書いたように、子どものころ大好きだった「国語」の教科書に対しても、ここに選ばれる作品は教室で机を並べるすべての子どもにとって、安心して楽しめる作品なの

○コラム・2

在日コリアンの人びとが自主的に作った「学校」

　敗戦時の日本には約二〇〇万人の朝鮮半島出身者がいました。その中には一九二〇年代から日本で暮らし、朝鮮での生活基盤を失っていた人びとや、日本生まれで朝鮮語もおぼつかない子どもを連れての帰還を躊躇する人びとも少なくありませんでした。そんな人たちが朝鮮語や朝鮮の歴史を学ぶ機会がなかった子どもや青年のために手作りの「学校」を始めます。

　そういった日本敗戦／解放後の在日コリアンの教育活動や一世、二世の歴史についてはこのブックレットの本題ではありませんが、後ろに参考文献をいくつか挙げておきました。いまでもコリアンに対する差別意識が根強く、ヘイトスピーチも絶えない日本社会の現状を考えるためにはもちろん、今後の多文化共生社会を考えるためにも、日本統治時代から現在までの在日コリアンの歴史、その周辺の日本人の考え方や行動をふりかえることには大きな意味があります。

だろうか？　と懐疑的になっていました。とはいえ、そのもつれた糸をどこからときほぐせばいいのか、糸口がなかなか見つかりませんでした。そんなときに「朝鮮読本」――日本統治下の朝鮮で朝鮮の子どもたちのためにつくられた「国語」の教科書――の存在を知ったのです。しかも「自分の体験や考えを自由に書く」作文教育の端緒をつくったといわれる芦田恵之助が編纂者です。子どものために、子どもにとっての学びを追求し活動したはずの教育者と植民地の取り合わせというミスマッチ――ここを探求すれば考える糸口が見つかるのではないかと思いました。

このブックレットでは、「朝鮮読本」を手がかりに私が探求してきたことの一端を書いていきます。なお、引用する史料には旧仮名遣い・旧字体が使用されていますが、教科書の教材文及び人名などの固有名詞を除いて現代の仮名遣い・字体に直して表記します。

一　日本統治下朝鮮の教育について

一九一〇年八月二九日、韓国併合条約の成立から一九四五年八月一五日「解放の日」までの三六年間が日本の植民地統治期間にあたり、韓国では「日帝三六年」「日帝強制占領期」などと表現されます。しかし、日本人官吏による教育への介入は「併合」前から始まっていました。日本が日清戦争に勝利し、台湾を領有した一八九五年、朝鮮では高宗《コジョン》帝が「教育に関する詔勅《しょうちょく》」を発し、教育の普及と近代化を推し進めようとします。それは朝鮮半島を植民地にしたいという日本の野心に対抗し、教育による近代国家づくりをめざす宣言でした。

ところで、「教育の近代化」と聞いてみなさんが想像するのはどのような風景でしょうか。「近代学校」とはどのような学校をさすのか、ご存知ですか？

1　近代国民国家と学校と「国語」

教室の前に黒板と教壇、教卓があり、子どもたちが整然と並べられた机に向かいまっすぐに着席し、前を向いて先生の話を聞く。授業は定時に始まり定時で終わり、決まった時間割に沿って行われる――このスタイルは近代学校の特徴の一つです。日本でこのスタイルの学校がつくられ、普及し始めるのは一八七二年（明治五年）の「学制*」制定以降のことです。西洋列強の脅威に抗し、近代国民国家として自立した姿を見せるために、明治新政府は国境線の確定や憲法制定を急ぐとともに、日本の領域内の人びとが国民意識をもつための教育に力を入れました。なぜなら、江戸時代の社会では大多数の人びとが一生涯、藩の領域内からほとんど移動せず、自分が暮らす地域への帰属意識はあっても、日本という国に対する帰属意識（今のような国家・国民意識）はほとんどなかったからです。また、人びとの移動が少ない社会では方言の違いも今よりずっと大きく、国民共通の言語（標準日本語）をどう定めるのかも大きな課題でした。

みなさんも「富国強兵」「殖産興業」というスローガンは聞いたことがあるでしょう。近代的な銃火器を備えた軍隊に必要なのは個々の武芸の技よりも、命令に従って集団行動ができ、正確に銃火器を扱える力です。また工業製品をつくるために必要なのは、工場で同じ機材を使い、分業、協力して一定品質のものをノルマ通りに生産する労働

*学制
近代的学校制度の基本を定めた法令。

力でした。そこで命令や説明が素早く伝わり、理解されるための共通の「国語」の普及、同じ姿勢・整然とした動きを維持できる身体能力のある人びと、「国民」の育成が重要になります。つまり最初に書いた近代学校のスタイルは、軍隊と第二次産業を担う「国民」を育てるために生まれた環境デザインでした。産業構造が変わり、対人サービスやコミュニケーション、変化のスピードに対応できる柔軟な発想といった力が求められる現在ではこのような近代学校スタイルに否定的な意見が増えています。明治時代とは正反対のようですが、学校に社会からの要請が向けられ、その要請に応えることが学校の役割だという点は変わりません。

植民地での「国語」教育は一八九五年に台湾で始まりますが、実はその当時、日本国内の学校にも「国語」という授業科目はありませんでした。「読み方」「書き方（作文）」「習字」と分かれていたものが統合されて「国語」という授業科目になるのは一九〇〇年です。しかし、その時点でも「国語」の時間に教えるべき標準的な日本語表現・仮名遣いは、まだ定まっていませんでした。小学校施行令規則には「普通文（標準語）の教授」と書いてありましたが、たとえば「遠い」を「トーイ」とする教科書もあれば「トホイ」や「トオイ」「トウイ」とする教科書もありました。いちおう、「東京山の手のことば」、要するに公務員職や大企業勤めの教養ある人びとが使用する語彙や文体が「普通文」の目安とされていましたが、その具体的な形については模索の最中だったわけです。小笠原拓氏が「このような『国語科』の曖昧な目標設定が、逆に『普通』という目に見えない基準へ従属することを人々に強いたのではないか」と指摘していますが〔小笠原 二〇〇四：一七九〕、たしかに何が標準「普通文」なのかも曖昧なまま、中央から遠い地方のことばを「普通文ではないもの」「下品で教養のない汚いことば」とみなして矯正する教育が学校を通して広がっていきます。

　植民地の「国語」教育を考えるときに、そこで教えられた「国語」がこの曖昧な「普通文」から始まったことを忘れてはならないと私は考えています。国定「国語読本」の仮名遣いや文体が、南北に細長い日本列島の多様性、その個性ある風土や生活に根差した方言を「正しくない」「格下」のことばとして退けつつ広まり、やがて「普通文」という地位を確立していった、その「普通文」が植民地で教えるべき「国語」の姿とされたことは重要です。日本語を母語としない異文化の人びとに「国語」教育を行うことの強制性とその問題点はいうまでもありませんが、日本国内の子どもたちにとっても、生活の中で自然に習得することばと異なる「学校のことば」があり、それを習得することを求められたのが近代学校の「国語」の時間だったのです。

○コラム・3

「イエスシ読本」

　最初の国定読本である「尋常小学読本」（一九〇四年使用開始）は巻一の最初の頁、つまり入学後に初めて学ぶカナ四つをとって「イエスシ読本」（写真1）と呼ばれました。この「イとエ」「スとシ」は東北地方の人びとが区別しづらい発音だからという理由でここに選ばれたものです。イエスシ読本を手にした東北地方の一年生は自分の発音が誤っていて矯正されるべきものだという価値観を、それ以外の子どもも特定の方言を「正しくない訛ったもの」だとする価値観を学ぶことになりました。

2　朝鮮における教育政策の展開と「国語」教科書

　一九一〇年の併合前から日本人官吏による教育介入が始まっていたことは先に述べました。初等教科書としては第二次日韓協約*（一九〇五年）の翌年に開庁された朝鮮統監府の学部書記官、三土忠造《みつちちゅうぞう》が編纂した『普通学校学徒用日語読本』が一九〇七年から使用されています。併合後すぐに『旧学部編纂普通学校用教科書並ニ旧学部検定及認可ノ教科用図書ニ関スル教授上ノ注意並ニ字句訂正表』が朝鮮総督府学務局によって発行され、翌一九一一年四月には『訂正普通学校学徒用国語読本』も発行されます。「日語」を「国語」に変更するとともに、独立国・大韓帝国がなくなり、日本領朝鮮になっ

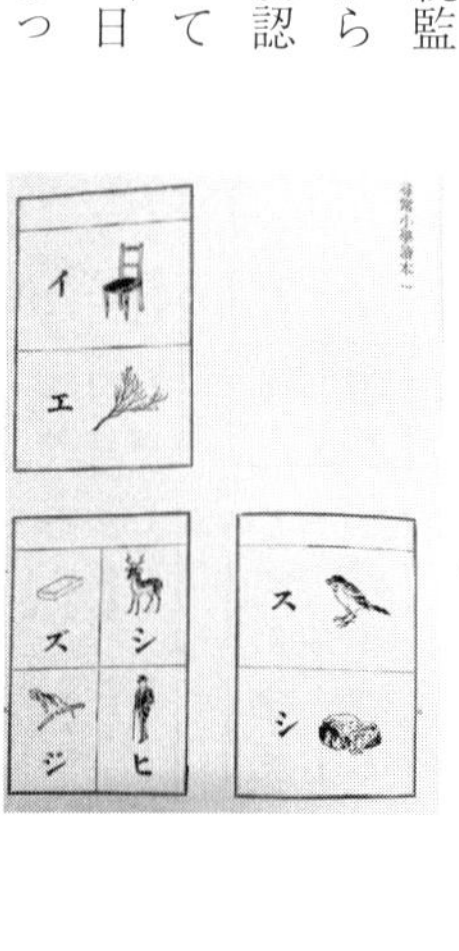

写真1「イエスシ読本」

たことをいち早く教科書の記述に明示することが目的でした。並行して新しい教科書づくりも進められ、一九一二年末には『普通学校国語読本』ができます。以下、朝鮮統治政策全体の状況と教育政策を概観し、それぞれの時期に発行された「国語」教科書の特徴を整理します。表1に朝鮮読本と国定読本の発行時期と、その背景にあった朝鮮統治政策の概要をまとめています。また、巻末に日本国内の教育政策や社会情勢も加えた年表もつけましたので、参照してください。

①武断統治の時期（一九一〇年から一九一九年、三一独立運動まで）

「武断」の文字通り、高圧的、強権的な統治姿勢が目立った時期です。教育の面では四年制普通学校設置を進める一方で、民間教育機関や私立学校への管理・弾圧を強めました（朝鮮人対象の初等教育学校を「普通学校」と呼びます。以下、単に普通学校と書きます）。私立学校に対して、日本人教員の採用や総督府検定教科書使用の強制、「国語」授業の必修化などを存続条件として迫り、その結果、一九一二年四月には一三一七校あった私立学校が一九一八年末には六九〇校まで減少します。また、地域の知識人による私塾や書堂《ソダン》と呼ばれた民間教育機関についても、そこにどのような人びとが集まり、何を教え／教わっているのかが厳しく監視されました［大野　一九三六：六九］。また普通学校は四年制でしたが、日本人植民者の子ども向けに設置された尋常小学校は日本内地に合わせた六年制でした。朝鮮総督府は「時勢及ビ民度ニ適合セシム」四年制だとしましたが、「民度」つまり「民衆の教養の程度」という表現で民族別に学校を分けたうえに修業年限が違うのですから、あからさまな見下し、差別意識があると反発されたのはやむを

＊第二次日韓協約
日韓協約は三次に渡って締結されますが（表1および巻末年表参照）、日露戦争後の一九〇五年に交わされた第二次日韓協約で日本は大韓帝国の外交権を奪い統監府を設置、事実上、朝鮮を保護国化しました。

○コラム・4
土地調査事業（一九一〇年〜）

近代的な土地所有契約によって土地の所有者を確定し、徴税の仕組みを確立するためのもの。村落共同体が緩やかに共有管理していたために所有者が曖昧だった土地を「無主の地」として朝鮮総督府の管理下に置き、手続き上の不備を理由に土地を接収するなどしました。朝鮮総督府は接収した土地を東洋拓殖株式会社や日本人植民者に払い下げ、日本人地主が増えるきっかけをつくります。

表1 朝鮮統治・教育政策関連年表と教科書発行

西暦年（元号）	朝鮮統治にかかわるできごと	朝鮮の教育・教科書にかかわるできごと
1895（M28）	日清戦争終結　台湾が日本領に 大韓帝国「教育に関する件」詔勅	
1900（M33）	大韓帝国学部顧問として幣原坦が赴任	
1904（M37）	日露戦争（～1905）　第一次日韓協約	第一期国定『尋常小学読本』使用開始
1905（M38）	第二次日韓協約	
1906（M39）	朝鮮統監府開庁（初代統監伊藤博文）	朝鮮『普通学校学徒用日語読本』使用開始
1907（M40）	ハーグ密使事件・朝鮮義兵闘争の広がり	
1910（M43）	韓国併合（初代総督寺内正毅）大逆事件	第二期国定『尋常小学読本』使用開始
1911（M44）	第一次朝鮮教育令・各学校規則公布 「教育勅語」を朝鮮に下賜	朝鮮『訂正普通学校学徒用国語読本』発行
1912（M45）		第一期朝鮮『普通学校国語読本』使用開始
1916（T5）	朝鮮第2代総督長谷川好道就任	
1917（T6）	ロシア革命（1918～シベリア出兵）	
1918（T7）	米騒動	第三期国定『尋常小学国語読本』使用開始
1919（T8）1月 3月 8月	パリ講和会議・南洋群島統治が日本委任に 朝鮮三一独立運動 第3代朝鮮総督斎藤実就任	三一独立運動：学生参加・同盟休校多発
1920（T9）	朝鮮教育令一部改正・普通学校を6年制に（義務教育化はせず）	朝鮮総督府学務局報告書『騒擾と学校』 朝鮮総督府臨時教育調査委員会設置
1921（T10）		朝鮮総督府教科書調査委員会開催
1922（T11）	第二次朝鮮教育令公布	
1923（T12）	関東大震災	第二期朝鮮『普通学校国語読本』使用開始
1925（T14）	治安維持法・普通選挙法制定	
1927（S2）	第5代朝鮮総督山梨半造就任	
1928（S3）	文部省、教化総動員訓令	朝鮮総督府臨時教科書調査委員会設置
1929（S4）	第6代総督斎藤実就任	光州学生事件：同盟休校多発
1930（S5）	世界恐慌	第三期朝鮮『普通学校国語読本』使用開始
1931（S6）	第7代朝鮮総督宇垣一成就任　満州事変	
1932（S7）	満州国建国	
1933（S8）	国際連盟脱退	第四期国定『小学国語読本』使用開始
1935（S10）	「天皇機関説」事件	朝鮮臨時歴史教科書調査委員会設置
1936（S11）	第8代朝鮮総督南次郎就任	「皇国臣民の誓詞」制定
1937（S12）	盧溝橋事件・日中戦争(～1945)	
1938（S13）	国家総動員法公布 第三次朝鮮教育令公布・学校体系の一本化 朝鮮志願兵制度実施	朝鮮教育三大綱領発表（総督声明） 「国体明徴・内鮮一体・忍苦鍛錬」 第四期朝鮮『初等国語読本』使用開始
1939（S14）	国民徴用令公布　　朝鮮・創氏改名令	
1941（S16）	国民学校令公布 朝鮮教育令一部改正(国民学校令の適用) 太平洋戦争(～1945)	第五期国定『ヨミカタ』『初等科国語』 第五期朝鮮『ヨミカタ』『初等科国語』 使用開始

得ないでしょう。教育以外でも朝鮮の伝統的な土地所有の慣例を無視して強引におしすすめた土地調査事業（コラム・4参照）や、朝鮮語発行物への規制強化など、高圧的で差別的な政策が続き、その不満が一九一九年の三一独立運動につながります。

『普通学校国語読本』は四年制普通学校のために編纂されました。台湾での「国語」教育の実績を以って山口《やまぐち》喜《き》一郎《いちろう》が招聘され、直接教授法という方法論が積極的に推進されます。一九一三年から使われた『普通学校国語読本』（第一期朝鮮読本）も直接教授法を念頭にしたものでした。

②文化統治の時期（一九二〇年代）

一九一九年の三一独立運動によって、日本は朝鮮統治政策の見直しを迫られます。三一独立運動は三月一日に現在のソウル・タプコル公園で「独立宣言書」が読み上げられて非暴力のデモ行進が始まったのを起点に朝鮮半島全体に広がり、学生もデモや同盟休校に参加しました。朝鮮総督府が翌年にまとめた報告書『騒擾《そうじょう》と学校』*〔一九二〇：五―一三〕によると、公立普通学校では四九五校中六八校、三四二二名の児童・生徒がデモに参加、私立学校は七五八校のうち四八校が同盟休校を行い、一三七校から教職員一二六名、児童生徒も七七一一名がデモに参加したと記されています（写真2）。「朝鮮独立万歳！」を叫ぶデモは六月ごろまで続き、日本の軍や警察による徹底した武力弾圧の結果、夏には沈静化しますが、『騒擾と学校』には独立運動一周年を期して再び同盟休校の動きが広がったこと、学務局が学校に介入、指導したことも記録されています。

学校が独立運動の拠点になることを恐れた朝鮮総督府は教育政策の見直しをすすめ、

写真2　韓国天安市にある独立紀念館、展示室のモニュメント。老若男女、さまざまな人たちがデモに参加したことを表現したものです。（筆者撮影）

＊騒擾と学校
「騒擾」という表現は独立要求の民衆運動を「単に不届き者が騒ぎを起こしたもの」と過小に印象付けるために日本が用いた表現です。政府だけでなく新聞などのメディアも「万歳騒擾」「万歳事件」などと報じ、朝鮮の人びとの独立への思いを正当に評価しませんでした。

一九二〇年一二月に臨時教育調査委員会、一九二一年一月に教科書調査委員会が招集されました。そこには台湾統治の初期に「国語」教育普及に関わった沢柳《さわやなぎ》政《せい》太郎《たろう》や前述の山口喜一郎、第一期国定「イエスシ」読本（写真1、コラム・3参照）の編纂者である吉岡《よしおか》郷《きょう》甫《すけ》などが名を連ねています。この両委員会に事務官（朝鮮総督府学務課長）として臨席した弓削《ゆげ》幸《こう》太郎《たろう》が一九二三年に公にした『朝鮮の教育』を読むと、このとき日本・朝鮮総督府側が三一独立運動をどうとらえ、その後の統治政策、特に教育政策の方向性をどう考えていたのかがよくわかります。日本統治下の朝鮮での政策や教育のキーワード「同化」についても詳細に述べられていますが、そちらは後で改めて紹介します。

　武断統治に対して文化統治と称されるように、併合直後に厳しく取り締まられた出版物や集会への規制が緩和され、表面上、日本人と朝鮮人とをあからさまに分けて被差別感をあおる制度が見直されました。たとえば、第二次教育令*においては、朝鮮人向けの普通学校も、日本人向けの小学校と同じ六年制に改め、学校を分ける基準は民族ではなく「国語」能力の違いだとしました。こうした情勢のなかで、国定読本と遜色のない教科書を編纂できる人物として推挙されたのが芦田恵之助でした。芦田が編纂した教科書は一九二三年から使用が始まります（第二期朝鮮読本）。芦田は「読本は足で書く」をモットーに朝鮮人の書記官を連れて朝鮮各地に取材旅行を行い、民間説話や古代遺跡、各地の風俗や産物などを題材にさまざまな教材を書きおろしたため、第一期朝鮮読本に比べてローカル色の強い「朝鮮らしい」印象の教科書になっています。後続の第三期朝鮮読本（一九三〇年から順次使用開始）にも多くの教材が引き継がれました。

○コラム・5

直接教授法と山口喜一郎

　直接教授法は幼児が環境から言語を習得していく様子をヒントに開発された外国語の学習法。実物や動作と結びつけながら何度もことばを繰り返すことで、対訳によらずに、つまり日本語で日本語を教えることができる方法として、山口喜一郎が台湾で導入し、実践研究を続けていました。山口はその実績から朝鮮に招かれ、教員養成や教科書づくりにかかわります。一九三三年に公刊された『外国語としての我が国語教授法』（大阪屋号書店）に山口の実践研究の経緯が著されています。

＊第二次教育令
　第二次教育令第二条「国語ヲ常用スル者（中略）ハ小学校」第三条「国語ヲ常用セザル者（中略）ハ普通学校」つまり日常的に使っている言語が日本語か否かで分けるとしています。

③産業振興・兵站《へいたん》基地化政策から皇国臣民化政策の時期（一九三〇年代から一九四五年／日本の敗戦まで）

一九二〇年代も後半に入ると、金融恐慌や中国での排日運動の高まりなど、日本を取り巻く外部情勢が厳しさを増していきます。それに呼応するように朝鮮内でも独立運動の機運が高まり、再び統治政策の引き締めが行われました。教育面では、依然として「学齢相当者の一割八分に過ぎない」普通学校就学率を改善するため、また疲弊していた農業生産力にテコ入れするべく「勤労を好愛するの精神を涵養《かんよう》」する内容を強化するために、教科書や教育課程の改革が始まりました〔大野　一九三六：一六〇―一六二〕。ただし一九二〇年代の産米増殖計画による米の商品化と日本移出量の増大、折からの世界恐慌の影響もあって、朝鮮民衆の窮乏はとどまらず、就学率は容易に上がりませんでした。

そのような情勢下で朝鮮民衆の不満は高まり、一九二九年には光州学生事件と呼ばれる独立運動が起こります。三一独立運動ほどの規模ではありませんでしたが、「その動揺学校数百九十四関係学生数五万四千に上り、半島統治上一大暗翳《あんえい》を投じ」たもので〔大野　一九三六：一八九〕、総督府を震撼させます。また、一九三一年の満洲事変、一九三三年の国際連盟脱退と、日本の国際社会からの孤立と軍国主義の台頭も、朝鮮統治の基本方針を再び武断的な様相に変えていくことになります。

一九三六年に着任した第八代総督、南次郎は一九三七年末に「皇国臣民の誓詞」**（写真3）を制定し、子どもには学校で、大人にはさまざまな行事ごとに暗唱することを義務づけました。翌一九三八年の教育令改正（第三次朝鮮教育令）では普通学校の名称を廃止し、朝鮮人と日本人の共学を実施しました（各々が以前から通学している学校に通い続けたので、

**皇国臣民の誓詞

〔児童用〕皇国臣民ノ誓詞（其ノ一）

私共は、大日本帝国の臣民であります。

私共は、心を合わせて天皇陛下に忠義を尽します。

私共は、忍苦鍛錬して立派な強い国民となります。

〔大人用〕皇国臣民ノ誓詞（其ノ二）

我等は皇国臣民なり、忠誠以て君国に報ぜん。

我等皇国臣民は互に信愛協力し、以て団結を固くせん。

我等皇国臣民は忍苦鍛錬力を養い以て皇道を宣揚せん。

実態は別学が続きました）。それに伴って、週に一、二時間とはいえ必修科目として存続していた朝鮮語は選択科目に格下げされ、やがて授業そのものがなくなってしまいます。そして教科書も朝鮮の独自色の強い教科書から、国定読本の内容に近い教科書へと変わっていきました。第三期朝鮮読本までは『普通学校国語読本』という名称でしたが、第四期朝鮮読本は『初等国語読本』（一九三九年〜）、第五期朝鮮読本は『ヨミカタ』『初等科国語』（一九四二年〜）と、名称も国定読本と同じになりました。

日本の朝鮮統治時代を語るときによく言われる「日本語を押しつけた」「名まえを奪った」などのエピソードは、主にこの皇国臣民化政策期のものです。私が学生だった頃は、まだこの時期をリアルに経験した人たちが存命で、歴史研究者や在日コリアンの諸団体が一世の体験を聞き取り、記録する活動も活発に行われていました。また、日々の暮らしのなかでぽつぽつと断片的に語られる思い出に「植民地」や「戦争」が垣間見えることも多く、今よりもずっと身近で生々しいできごとに感じられたものです。私の恩師が「七〇年で記憶になり、一〇〇年で歴史になる」とよく話していたのですが、そう考えると、二〇一〇年で韓国併合から一〇〇年、二〇一九年で三一独立運動から一〇〇年、日本が朝鮮を統治していた時代は、ようやく歴史になり始めたばかりなのかもしれません。

3　三一独立運動のインパクトと同化教育

異文化の人、あるいは集団が接触し、長い期間過ごすうちにお互いに影響し合って変化し、考え方や行動様式が近似していくことを同化といいます。かつて日本から旅

写真3　第四期朝鮮読本巻一より。黒板の左側に「皇国臣民の誓い」が掲示されています。

立ち、移民していった日本人も現地社会で暮らすうちに日本的な行動様式や習慣が抜け、現地に同化していきました。特に移住者の場合、既に成立している現地社会の慣習やルールのなかに入っていくことになるので、生活の便宜上、同化したほうがうまくいきやすい、それを日本では「郷に入れば郷に従え」ということわざで表現します。私はこれを、異なる文化圏に飛び込んでいく際の知恵だと思っています。

しかし、多数派の側が少数派・マイノリティにこれを強要するのは問題です。生活上の便利さのために同化しつつも、自らのルーツの記憶、独自の文化を継承したいと願うことは少数派の人びとの権利でもあるからです。スムーズに社会生活を回すために最低限守ってほしいルールはあるとしても、「主流派に合わせてほしい」という願望をむやみに拡大し、固有の文化や慣習の一切合切を捨てて主流派文化に合流せよと強要することは少数派の文化的アイデンティティを否定し、少数派の文化を滅ぼしてしまうことになりかねません。この、同化を強要する考え方を同化主義といい、自然に起こる同化とは区別します。特定のコミュニティの文化的アイデンティティを否定することは民族浄化*、レイシズム**に結びつくので、同化主義は危ういものと考えられています。この同化主義に基づく政策を同化政策と呼びます。

近代国民国家形成に際しては国民の一体感が強ければ強いほど国家が強勒になるという考えから、国内少数派に対する同化政策が世界中で行われていました。日本では琉球やアイヌの人びとに対し、独自の文化や風習を「野蛮なもの」と貶めたり禁じたりする政策が行われています。たとえば創氏改名は朝鮮での政策として有名ですが、アイヌに対しても戸籍に日本式氏名で登録させる措置を一八七六年に実施していました。

*民族浄化
　差別がエスカレートして、自民族以外の民族を排除（追放・殺害）する動きのことです。

**レイシズム（racism）
　人種、皮膚の色、世系又は民族的若しくは種族的出身に基づくあらゆる区別、排除、制限又は優先であって、政治的、経済的、社会的、文化的その他のあらゆる公的生活の分野における平等の立場での人権及び基本的自由を認識し、享有し又は行使することを妨げ又は害する目的又は効果を有するもの（人種差別撤廃条約第一条「人種差別」定義）です。

そのような大きな流れのなかで、植民地とした台湾や朝鮮でも日本は当然のように同化政策をおしすすめたのです。ところが三一独立運動という朝鮮全土を揺るがす大規模な抵抗運動に遭い、日本は植民地統治政策を見直さざるを得なくなりました。

先ほど紹介した弓削幸太郎の『朝鮮の教育』は総督府の教育官僚の立場から三一独立運動、特に学生参加者の意識や行動、同盟休校まで行って参加した私立学校の動静などを分析し、今後の教育方針についてまとめたもので、ちょうど芦田恵之助が朝鮮に渡った一九二三年に発行されています。

弓削は三一独立運動をはじめとする朝鮮人の独立を要求する動きについて、根本的な原因は「朝鮮人の独立欲」にあるとし、総督府の政治に対する不満は統治者の努力によって緩和できるとしても、「此《この》独立欲だけは短き歳月の間には消滅することは困難である」と指摘します。そして「独立欲」の性質として「苟《いやしく》も自分は朝鮮人であるという考が存する間は総ての朝鮮人の中より之が消滅を見ることの出来ぬ」ものだとし、その消滅のためには「朝鮮人たるの観念を薄からしめ、遂に自分は単に日本人であるという観念に」満たすことが必要で、これを完成した状態が「同化」なのだと述べています〔弓削　一九二三：二四二―二四三〕。つまり「同化」は単に日本語・日本文化の理解や習得を意味するのではなく、不当な支配に抵抗する意識をなくした状態、日本の統治政策に対して不満を感じ反発することのなくなった状態を指すというわけです。だからこそ、「同化」を実現するために朝鮮人には日本語と日本の優れた文化を教え、日本人にはあからさまに侮蔑的・差別的な対応を取らないように道徳教育を進め、朝鮮人の反発心を弱めなければならない、朝鮮の教育関係者は自覚をもって奮闘してほしいと、

○コラム・6

アイヌの同化政策

アイヌに対する同化政策は北海道開拓とともに進められました。アイヌ独自の風習を禁じ、子どもたちに日本語を教えてアイヌ語を使わないように指導しています。やがて本州各地から北海道に移民した和人の人口がアイヌ人口を圧倒し、日本語を使わなければ生活できない状況下で、ますますアイヌ文化の維持は困難になっていきます。そうした背景のもとに、戸籍制度にアイヌの人びとに登録をさせる際、アイヌ名ではなく日本式氏名での登録を「推奨」したのです。詳しくは『アイヌ民族の歴史』（榎森進、草風館）、手軽な書籍として『アイヌ文化で読み解く「ゴールデンカムイ」』（中川裕、集英社新書）など。

弓削は朝鮮の教育関係者に訴えたのでした。

それでは、朝鮮の子どもたちに届けられた「国語」教科書／朝鮮読本がどのようなものだったのか、具体的にみていきましょう。

二　朝鮮の子どものための「国語」教科書／朝鮮読本

朝鮮の子どものための「国語」教科書／朝鮮読本には二つの側面がありました。一つは日本統治を受け入れ、反抗しない朝鮮人を育てる「同化」推進のための教科書という側面です。もう一つは日本語が母語でなく、生活環境も朝鮮語である子どもたちに日本語を教える語学教科書の側面です。さらに後者については、日本語を語学として教える側面がありながら、建前上はあくまでも「国語」教育であり、そのため関わった教育者や教員も語学教育ではなく国語教育の専門家が多かったという事情がありました。その複雑な事情を背負った朝鮮読本とは、どのような教科書だったのでしょうか。

1　日本語を教える語学教科書として――文字と発音の指導

表2に、国定読本の第一期から第五期、朝鮮読本の第一期から第五期の巻一について、カナの提出順・カナ五十音図（以下、音図）の掲載頁を一覧にしました。巻一は一年生が初めて使う教科書で、「提出順」というのは教科書でその文字が初めて出てくる順番、つまり一年生が文字を学ぶ順番を表します。ちなみに、一九四五年以前は今と違って先にカタカナを学び、一年生後半用の巻二からひらがなを学びました。こうして一

～ p. 45	～ p. 50	～ p. 55	～ p. 60	～ p. 65	～ p. 70	～ p. 75	～ p. 80	～ p. 85	～ p. 90
	ヤ・ワ		p. 58						
バ・パ									
		p. 55							
ザ・バ	パ								
							p.80	漢字一覧	
パ									
		p. 54							
	ラ		p. 58						
			p. 59	漢字一覧					
						p. 75	p. 78		
							漢字一覧		
							p. 80	p. 82	
	ガ	ザ			パ	バ		漢字一覧	
									p.87/p.90
									漢字一覧
pp. 45 ～ 48 欠損								ワ	p.88
拗音	ダ	パ	ガ・ザ		バ			p.85	漢字一覧

例

～ p.15	p.15 までに
ア	ア行の提出が終了していることを示す
ダ　促音	ダ行と促音（小さいッ）の提出が終了したことを示す

表２　国定読本（第一期～第五期）と朝鮮読本（第一期～第五期）の巻一における五十音各行の提出順・カナ五十音図（音図）の掲載頁一覧

種別		～ p. 5	～ p. 10	～ p. 15	～ p. 20	～ p. 25	～ p. 30	～ p. 35	～ p. 40
国一 1904	清音		タ・ラ	ア	カ	サ	ナ・ハ	マ	
	濁音		ダ		ガ	ザ 棒引き			促音
国二 1909	清音			カ	サ・タ・ナ	ア・ヤ・ラ	マ・ハ・ワ		
	濁音						ガ	促音	ダ
朝１ 1912	清音				カ・サ・ワ	タ	ア・ナ・ハ・マ	ヤ・ラ	
	濁音							促音	ガ・ザ・ダ・バ
国三 1918	清音		ナ	カ・タ・ラ		ア・サ・ハ			
	濁音					マ・ヤ・ワ		ガ　促音	ザ・ダ・バ・パ
朝２ 1923	清音		ア	カ・サ・タ・マ	ナ・ワ			ハ・ヤ	拗音
	濁音				ダ　促音			ガ・ザ	バ・パ
朝３ 1930	清音	絵	絵（～ p. 6）	ア	タ・ナ・ハ・ワ	ヤ	カ・サ・マ・ラ	促音・拗音	
	濁音							ザ・ダ・バ・パ	ガ
国四 1933	清音			タ・ラ	ア・カ・ハ	サ・ナ・ヤ・ワ	マ		
	濁音				促音	拗音		ザ・ダ・バ・パ	
朝４ 1939	清音	絵	絵	絵（～ p. 14）		ワ	ア・カ・サ・タ・ナ	マ・ヤ	ハ・ラ
	濁音						拗音・拗音	ダ	
国五 1941	清音	絵（～ p. 5）			カ・サ・ヤ・ラ	ア・タ・ハ・マ・ワ		ナ	
	濁音					促音	拗音	バ・パ	ガ・ザ・ダ
朝５ 1942	清音	絵	絵	絵	絵（～ p. 17）		ア・タ		カ・サ・ナ・ハ・マ・ヤ・ラ
	濁音						促音		

凡例　音図掲載頁　／　清音カナ初出がある頁　／　濁音・半濁音カナ初出がある頁　／　文字なし・挿絵のみ　／　最終頁

＊「初出」「提出」とは、その文字が教科書に登場する≒文字を教える順序を示す用語

覧すると、第二期朝鮮読本だけ、五十音図が巻頭頁に掲載されていることがわかります。

国定読本は第二期と第四期・第五期、朝鮮読本は第四期・第五期で巻末に掲載、他の四種はカナ学習をひととおり終えた時点（教科書の中ほど）に掲載されています。ここまでで、すべてのカナを学びましたね、と五十音図で確認する指導を想定した配置です。特に第一期朝鮮読本は五十音図に「コレ ヲ タテ ニ ヨミ ナサイ。／ヨコ ニ ヨミ ナサイ。」の文が添えられて、独立した教材になっています（写真4）。他は五十音図だけをシンプルに、一頁に収めるか見開き二頁を使うかといったレイアウトの違いぐらいで大差はありませんが、第三期朝鮮読本には、五十音図の見開き頁の次にイラストの入った図が重ねて掲載されています（写真5）。

朝鮮読本を使う学習者は日本語を外国語として初めて学ぶ子どもたちで、かつ学校外の生活環境も朝鮮語の世界です。しかも第一期は併合まもない時期で、日本語を教える教員も圧倒的に足りませんでした。朝鮮総督府学務局が、三一独立運動後の教科書編纂の方針を述べた文書のなかで、第一期朝鮮読本の作成時をふりかえって「素養少き教師の教授を以てしても尚相当の効果を挙げしむる様考慮を運らす必要あり」（朝鮮総督府学務局　一九二一：四）、つまり経験の少ない教員でも、この一冊があれば何とか指導できる、そんな「国語」教科書が必要だったと述べています。日本内地から赴任した日本人教員は朝鮮語もわからず、そもそも語学として日本語を教えるための経験も知識も皆無です。日本語が通じない子どもたちの先生としてどうふるまえばいいのか、相当に戸惑ったことでしょう。そのような普通学校の現場で、不慣れな教員でも教科書に頼れば何とか指導が形になるといえるものを目標にしたためか、第一期朝鮮読本巻一は他と比べ

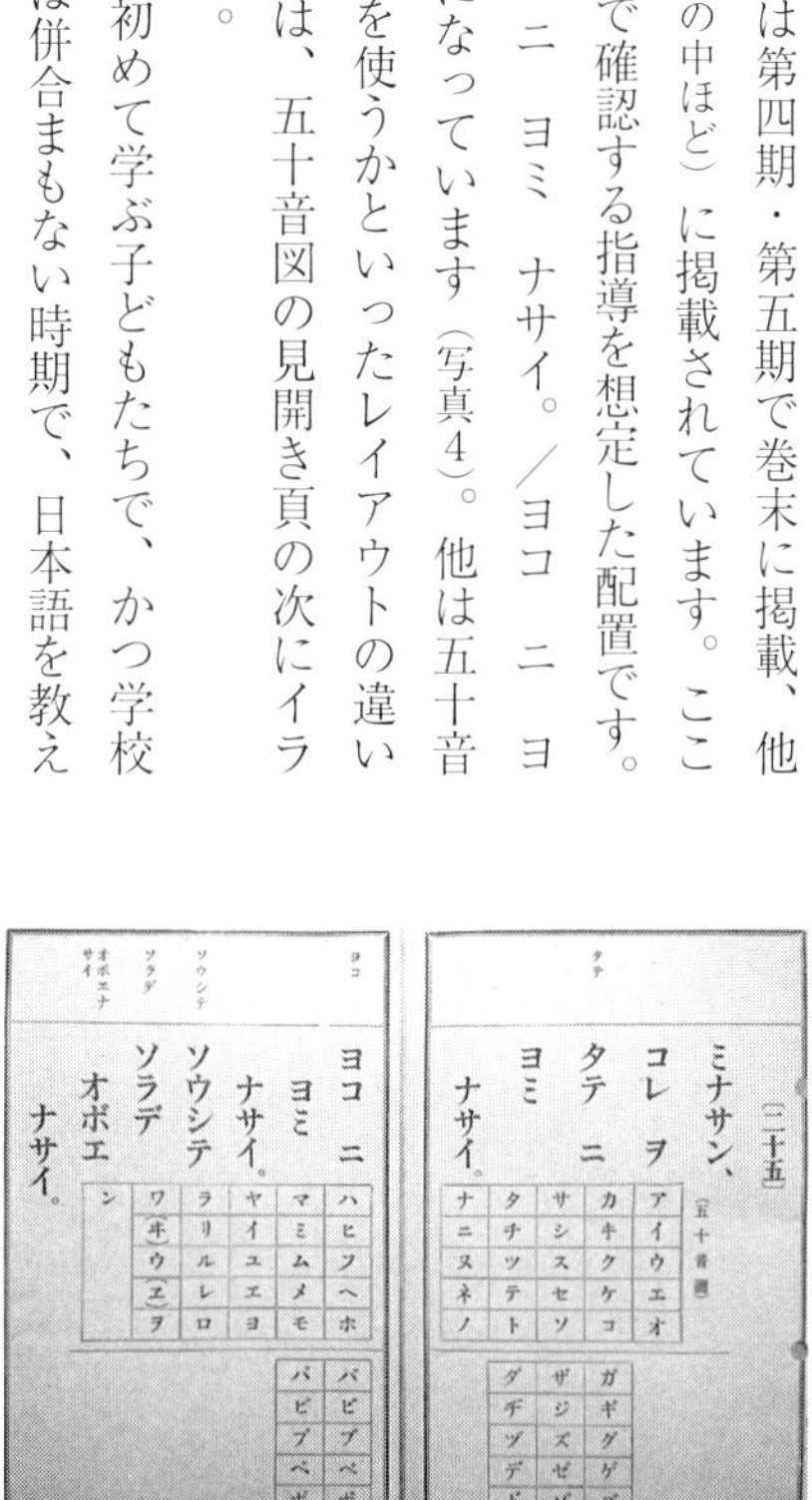

写真4　第一期朝鮮読本巻一　五十音図

て突出して頁数が多くなっています。清音から優先して四一頁までにカナ提出を終え、四二頁と四三頁に見開きで五十音図を掲載するところまでは同時期の第二期国定読本と同じですが、第一期朝鮮読本はこのあとに、さらに三六頁も教材が続きます。また、学校で使う基本的な表現（写真6—1）や日本語の多様な数詞の反復練習など（写真6—2）で、日本語を母語とする子ども向けの国定読本では登場しない教材が多くなっています。第一期朝鮮読本と同じ厚みがあるのは第四期と第五期の国定読本ですが、こちらは文学教材が増えたために頁数が増えたもので、理由はまったく異なります。

五十音図を巻頭に掲載した第二期朝鮮読本は、前述したとおり国語教育の実践家で

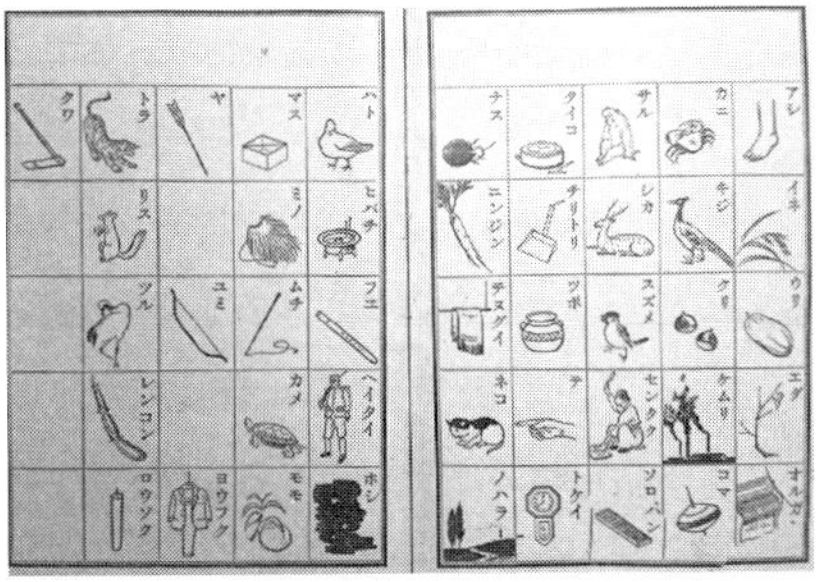

写真5　第二期朝鮮読本巻一五十音絵図

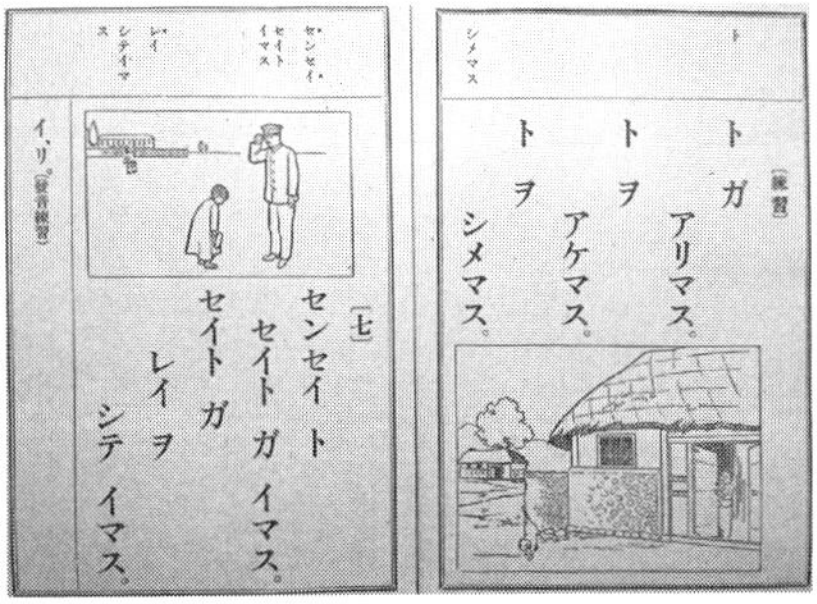

写真6—1　第一期朝鮮読本巻一

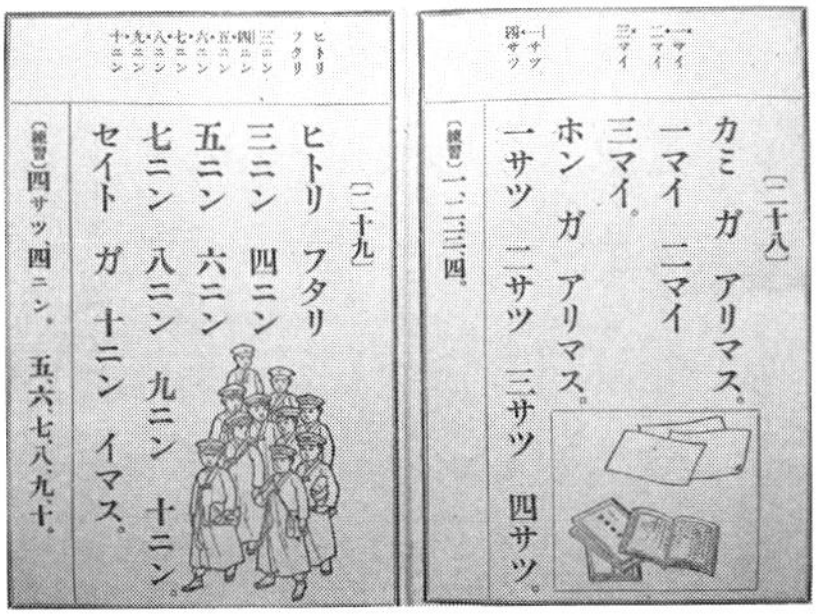

写真6—2　第一期朝鮮読本巻一

あり、第三期国定読本編纂参与の経験もある芦田恵之助を編修官に迎えてつくられました。巻一、最初の教材をみると、第一期朝鮮読本（写真7―1）は身体呼称で国定読本のどれにも似ていませんが、第二期朝鮮読本は「ハナ」（写真7―2）で、同時期の第三期国定読本（写真7―3）と最初に学ぶ文字を同じにしてあり、全体の頁数もほぼ同じです。国定読本と遜色のない、あからさまに違いが強調されない形にという朝鮮総督府の要望がかなえられたものといえます。しかし、詳細に見ていくと日本語を初めて学ぶ朝鮮の子どもを念頭に、さまざまな工夫が施されていることもわかります。巻頭に五十音図を掲載したことも、その工夫の一つです。

編纂者であった芦田にはもともと「読本の編纂に、濁音・次清音などをなるべく早く出そうとして、文章を細工するのはよくない。寧《むし》ろ文の自然を主として、文字は出た場合に教えると考えたがよい。（中略）それには音図を、仮名を出した後にまとめるよりも、先に出して、仮名を出すことを急がないがよいと思う。なほ音図を先に出すのは自学の上にも有効である」という考えがありました［芦田　一九八八a：五五］。

さらに国定読本で学ぶ児童は既に音声として修得している母語に対応する文字を学ぶのに対し、朝鮮読本で学ぶ児童は発音と文字を同時に学ぶという事情があるので、「この教科書で学ぶカナはこれで全部だ」「今日習ったカナはこれとこれだ」といったふうに、常に文字を参照できる学習環境づくりが好ましいと判断し、五十音図を教材から切り離して巻頭に掲載したのです。

五十音図の扱いは国定読本との違いが目立つところですが、朝鮮読本では第二期から第五期まで一貫して、母音であるア行の提出が他の行より早く終わることも特徴の

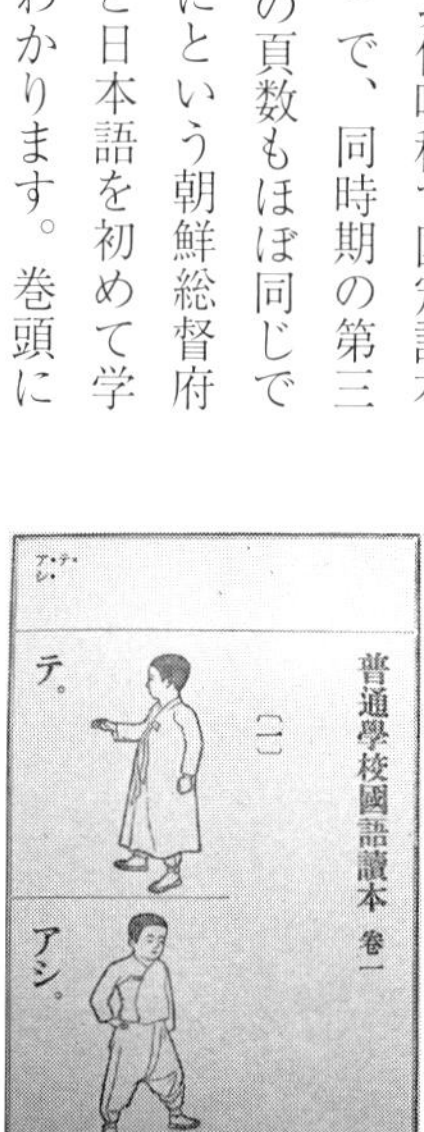

写真7―1　第一期朝鮮読本巻一巻頭教材

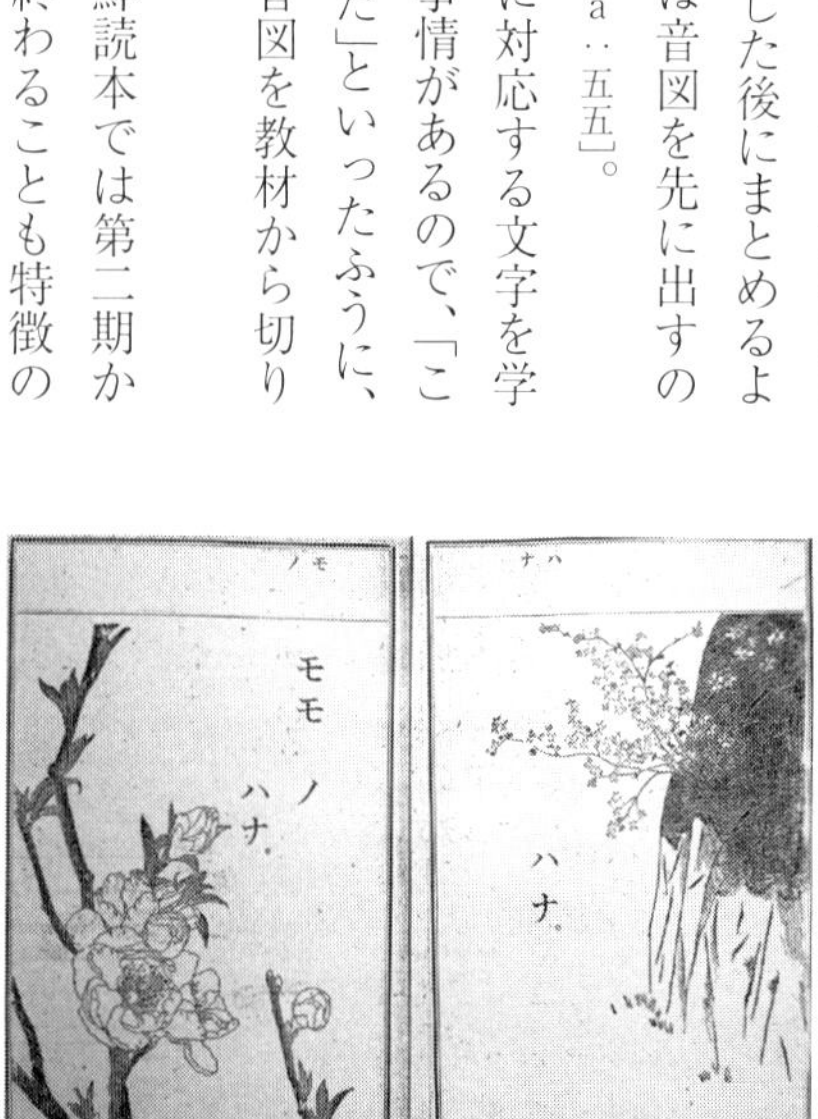

写真7―2　第二期朝鮮読本巻頭教材
さし絵はレンギョウ・ヤマツツジとモモ

一つです。国定読本では方言（発音）矯正を目標に明示していた第一期「イエスシ読本」に同様の工夫が見られます。つまり朝鮮読本では、カナ学習とともに基本母音「アイウエオ」の発音練習が意識され続けていたことがわかるのです。

2　教科書の使い方——読解指導と表現指導

教科書「を」教えるのではなく、教科書「で」教えるのだ——ということは、いまでもよく言われることです。特に国語科は言語運用スキルを学ぶための教科なので、漢字や語彙といった知識の習得だけでなく、その知識を使う活動が重要です。日本語で聞いたり話したりする力が環境から自然に身についている（とされる）子どもたち対象の国定読本と、朝鮮語の環境のなかで日本語を身につけなければならない（とされる）立場の子どもたち対象の朝鮮読本とでは、スキルを伸ばす指導の留意点も異なるはずです。さらに、標準的な「国語（日本語）」とはどれのことなのかも曖昧なまま、そもそも母語の力も発達途上にある子どもたちに第二言語として日本語を教えようとしたものが植民地や占領地の「国語」教育です。朝鮮読本は、各教材「で」どう教えることを想定していたのでしょうか。

朝鮮読本には、国定読本と同じ教材も載っています。「同じ」といっても語学教科書としての配慮から、仮名遣いを表音式*に、文語文教材を口語体に変えるといった修正が行われました。また、文章は同じでも挿絵が異なる、材料と挿絵は似ているのに文章が大きく異なるなどのさまざまな異同があり、そこに日本と朝鮮という現場の違いが見えます。ここでは①国定読本とほとんど同じもの ②題材は同じで内容・文体が大

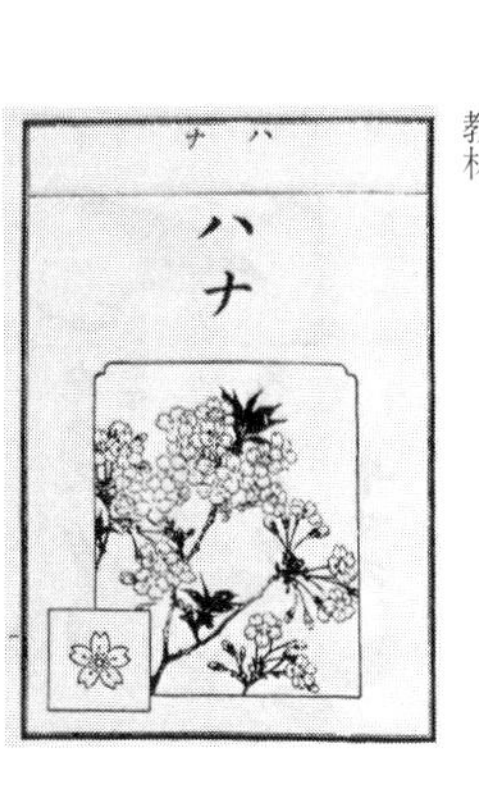

写真7—3　第三期国定読本巻一巻頭教材

＊表音式仮名遣い
国定読本は旧仮名遣い、たとえば「しましょう」は「しませう」でしたが、朝鮮読本では実際の発音に近い「しましょう」でした。

きく改変されているもの、二種類の教材を紹介します。

①国定読本とほとんど同じもの――「オヤ牛ト子牛」

「オヤ牛ト子牛」は、第三期国定読本巻二（一年生後半用）の教材です（写真8―1）。これが仮名遣いを訂正した形で、そっくり第二期朝鮮読本巻二にも掲載されています（写真8―2）。その理由は編纂趣意書（教科書の編集意図が書かれたもの）にこう記されています。

牛に対する親しみは内地よりも朝鮮のほうが深い。故に教材の適否をいうならば朝鮮向の材料だといってよかろう。（中略）この課を取扱っては牛の習性を知らせることも大切であるが、それよりも親の子に対する愛即ち母性の愛の深甚なことを牛に於て観察さして、それを児童自身の上に反省させるのが、より以上に大切である。［朝鮮総督府　一九二五a：二〇―二一］

第一期朝鮮読本に転載された国定読本教材は啓蒙的、つまり朝鮮の人びとに「国民として」これを知っておいてほしいという統治上の都合を思わせるものが多くありました。啓蒙的な教科書は、一九一〇年前後まで日本内地でも見られたもので、たとえば時計で時間を確認する習慣を促す内容や、西洋医学の知見に基づく衛生知識の紹介など、西洋から入った新しい教養を無知な民衆に啓蒙することが重要だと考えられていた延長にあります。しかし、こういった啓蒙主義的な考え方――子どもを無知なもの、善導すべきものとする子ども観・授業観――はやがて転換期を迎えます。

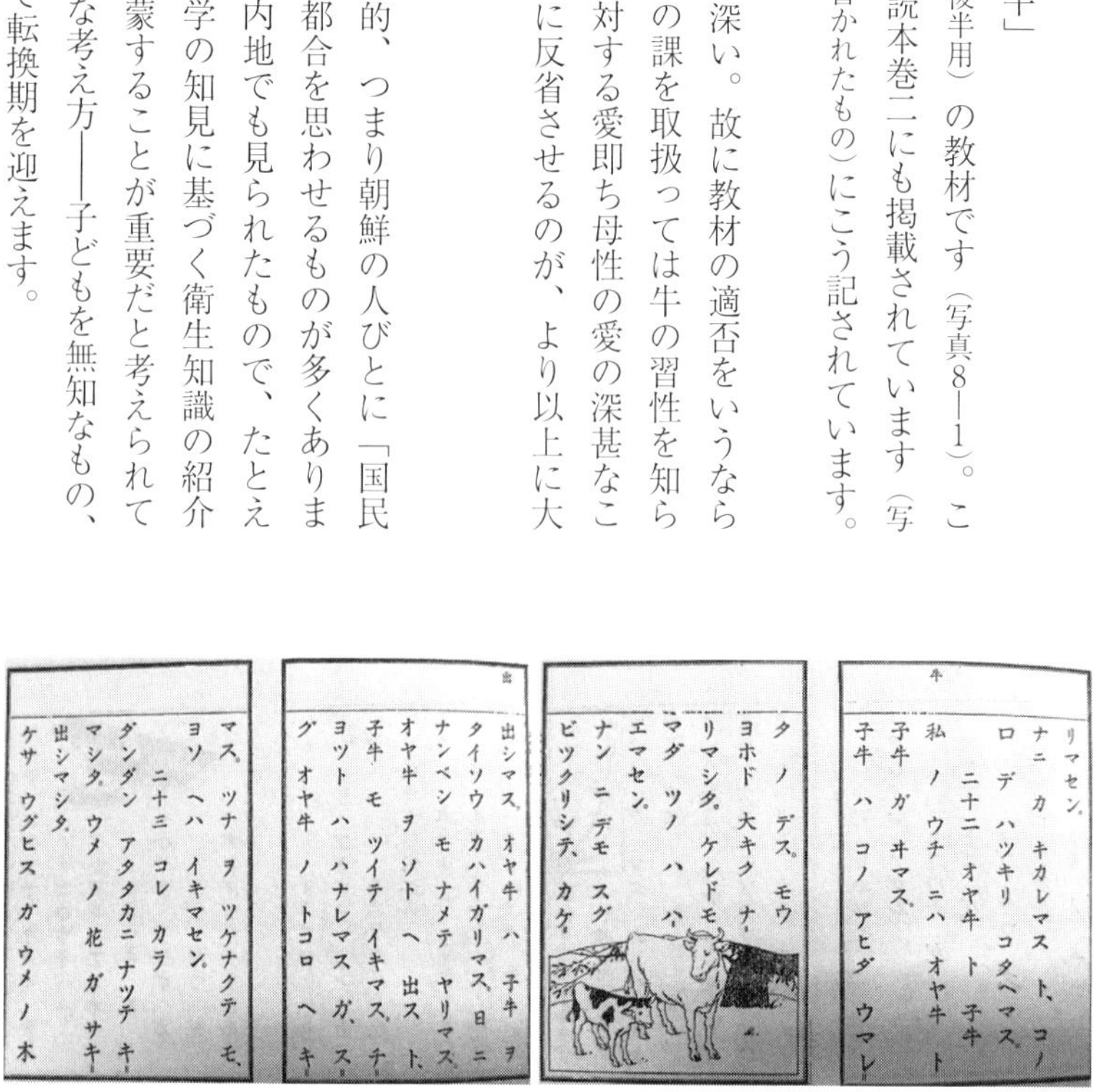
リマセン。
ナニ　カ　キカレマスト、コノ
ロ　デ　ハツキリ　コタヘマス。
ニ十二　オヤ牛　ト　子牛
私　ノ　ウチ　ニハ　オヤ牛　ト
子牛　ガ　ヰマス。
子牛　ハ　コノ　アヒダ　ウマレ
タ　ノ　デス。モウ
ヨホド　大キク　ナ
リマシタ。ケレドモ、
マダ　ツノ　ハ　ハ
エマセン。
ナン　ニ　デモ　スグ
ビツクリシテ、カケ
出シマス。オヤ牛　ハ　子牛　ヲ
タイソウ　カハイガリマス。日　ニ
ナンベン　モ　ナメテ　ヤリマス。
オヤ牛　ヲ　ソト　ヘ　出スト、
子牛　モ　ツイテ　イキマス。チ
ヨツト　ハ　ハナレマス　ガ、ス
グ　オヤ牛　ノ　トコロ　ヘ　キ
マス。ツナ　ヲ　ツケナクテ　モ、
ヨソ　ヘハ　イキマセン。
ニ十三　コレ　カラ
ダンダン　アタタカニ　ナツテ　キ
マシタ。ウメ　ノ　花　ガ　サキ
出シマシタ。
ケサ　ウグヒス　ガ　ウメ　ノ　木

写真8―1　ウシ第三期国定読本

子どものもつ好奇心や探求心を信じ、子どもが主体的に学習する活動を保障する授業づくりの主張、いわゆる「大正新教育」の時代が、第三期国定読本・第二期朝鮮読本がつくられた時代でした。芦田恵之助は小学校教員として研鑽を積み、その実践力や教授理論が注目されて第三期国定読本に編纂参与として関わり、そののち第二期朝鮮読本の編修官になっています。児童に身近で親しみやすい材料が教材にふさわしいという考えで教科書編纂の仕事にあたったのは自然なことでした。

教材文をよく読むと、まず自分の家に牛がいるという説明から入り、子牛が生まれたというできごとと今の子牛の成長段階の描写、子牛の動きから親子牛の様子の描写と説明と、実際に牛を飼う家の子どもが書いた作文のような展開になっていることがわかります。編纂趣意書に「牛に対する親しみは内地よりも朝鮮の方が深い」とあるように、朝鮮の子どもたちが実際の牛の様子を観察しやすい環境にいるとすれば、「実際の牛の様子はどうだろうか?」と話し合う活動、教わった表現を実際に使って、同じような観察文、描写文を書いてみる活動などの展開に広げやすいといえます。

第三期朝鮮読本にもこの教材は続けて掲載されますが、段

写真8—2　ウシ第二期朝鮮読本

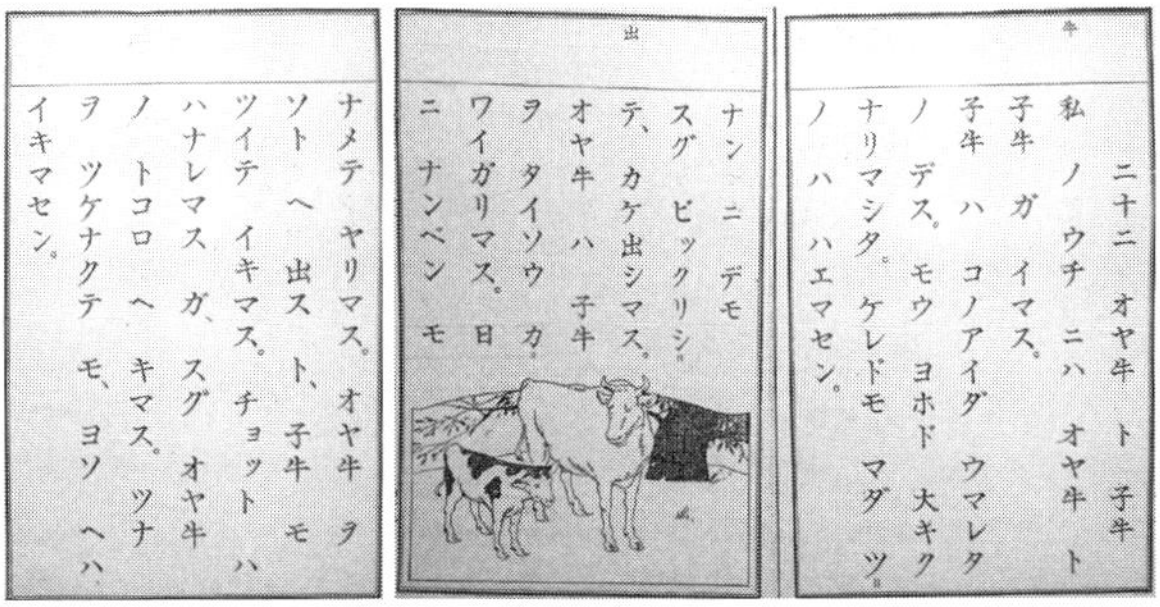
二十二　オヤ牛　ト　子牛
私　ノ　ウチ　ニハ　オヤ牛　ト
子牛　ガ　イマス。
子牛　ハ　コノアイダ　ウマレタ
ノ　デス。モウ　ヨホド　大キク
ナリマシタ。ケレドモ　マダ　ツ
ノ　ハ　ハエマセン。
ナン　ニ　デモ
スグ　ビックリシ
テ、カケ出シマス。
オヤ牛　ハ　子牛
ヲ　タイソウ　カ
ワイガリマス。日
ニ　ナンベン　モ
ナメテ　ヤリマス。オヤ牛　ヲ
ソト　ヘ　出ス　ト、子牛　モ
ツイテ　イキマス。チョット　ハ
ハナレマス　ガ、スグ　オヤ牛
ノ　トコロ　ヘ　キマス。ツナ
ヲ　ツケナクテ　モ、ヨソ　ヘ　ハ
イキマセン。

写真8—3　ウシ第三期朝鮮読本

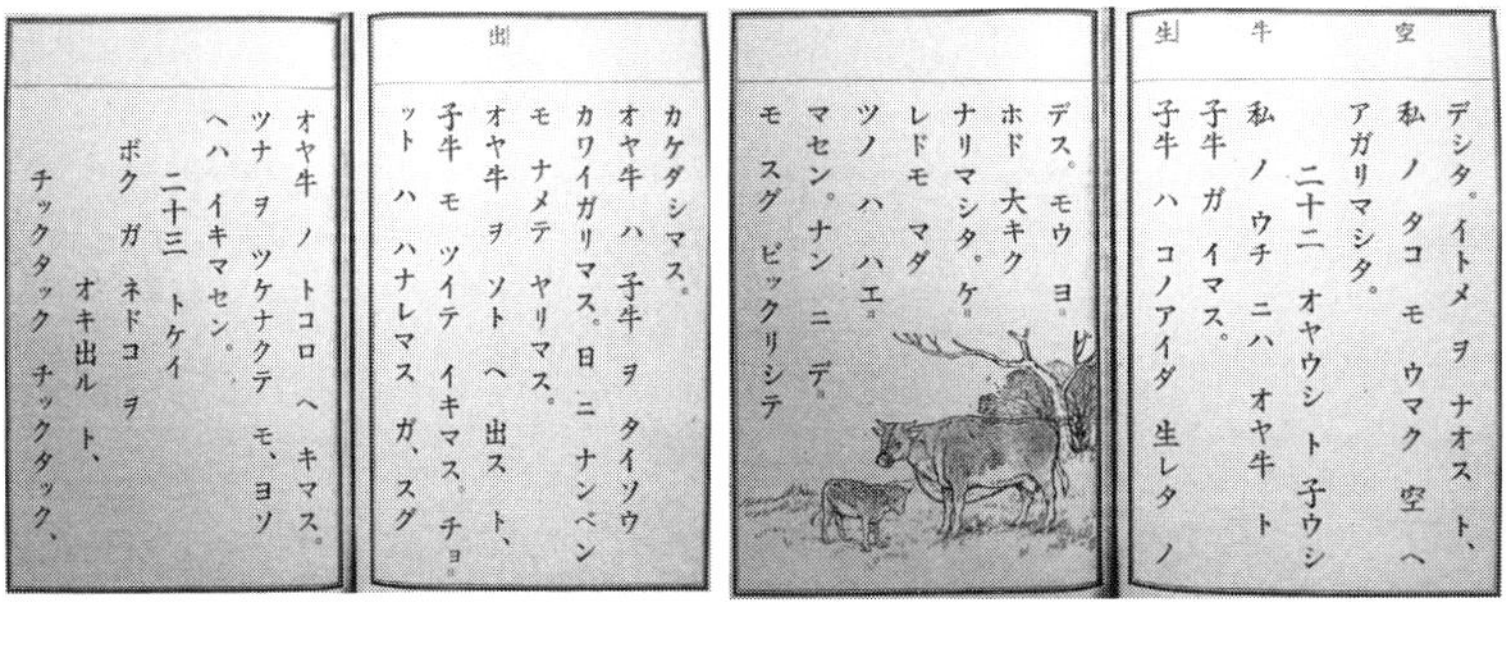
デシタ。イトメ　ヲ　ナオス　ト、
私　ノ　タコ　モ　ウマク　空　ヘ
アガリマシタ。
二十二　オヤウシ　ト　子ウシ
私　ノ　ウチ　ニハ　オヤ牛　ト
子牛　ガ　イマス。
子牛　ハ　コノアイダ　生レタ　ノ
デス。モウ　ヨ
ホド　大キク
ナリマシタ。ケ
レドモ　マダ
ツノ　ハ　ハエ
マセン。ナン　ニ　デ
モ　スグ　ビックリシテ
カケダシマス。
オヤ牛　ハ　子牛　ヲ　タイソウ
カワイガリマス。日　ニ　ナンベン
モ　ナメテ　ヤリマス。
オヤ牛　ヲ　ソト　ヘ　出ス　ト、
子牛　モ　ツイテ　イキマス。チョ
ット　ハ　ハナレマス　ガ、スグ
オヤ牛　ノ　トコロ　ヘ　キマス。
ツナ　ヲ　ツケナクテ　モ、ヨソ
ヘハ　イキマセン。
二十三　トケイ
ボク　ガ　ネドコ　ヲ
オキ出ル　ト、
チックタック　チックタック、

落分けや漢字表記のしかたが異なっています（写真8―3）。教材タイトルに「牛」の漢字を使わず「ウシ」にしているのは、既習のカナ知識で「オヤウシト子ウシ」の題名だけは読めるように、という工夫です。本文に入る前に「次の課の題は読めますか」と発問して題名だけを読ませ、「どんなお話だと思いますか」と話し合う活動ができます。

また「カケ出す」の表記を「カケダス」とすることで、「駆ける＋出す」の複合動詞ではなく「カケダス」の動詞一語として扱う、新語学習の負担を減らす工夫もみえます。段落分けの変更も、子牛の様子、牛舎内の親子の様子、外に出たときの親子の様子、と場面で区切る読解指導のための工夫です。こういった教材選びや教材づくりで軸になっているのは、語学教育よりも日本の国語教育の知見です。そこに日本語初学者向けの配慮が加わっていることが国定読本と違う朝鮮読本の特徴になっているのです。

②題材は同じだが大きく改変されているもの――「ウンドウカイ」

次に、教材のレイアウトは非常によく似ているのに、本文がまったく異なる「ウンドウカイ」という教材を見てみましょう。「オヤ牛ト子牛」同様に、第三期国定読本巻二から第二期朝鮮読本に掲載され、第三期朝鮮読本にも続けて載った教材です。写真を見ていただければわかるように、第三期国定読本（写真9―1）と第二期朝鮮読本（写真9―2）は、見開き頁を使って上部にさし絵・下部に本文を掲載するレイアウトは同じですが、教材本文はまったく異なっています。さらに第三期朝鮮読本では、その両者を取り込んだ形で文章を再構成し、レイアウトも見開きではなく、三頁使う形に変更されています（写真9―3）。

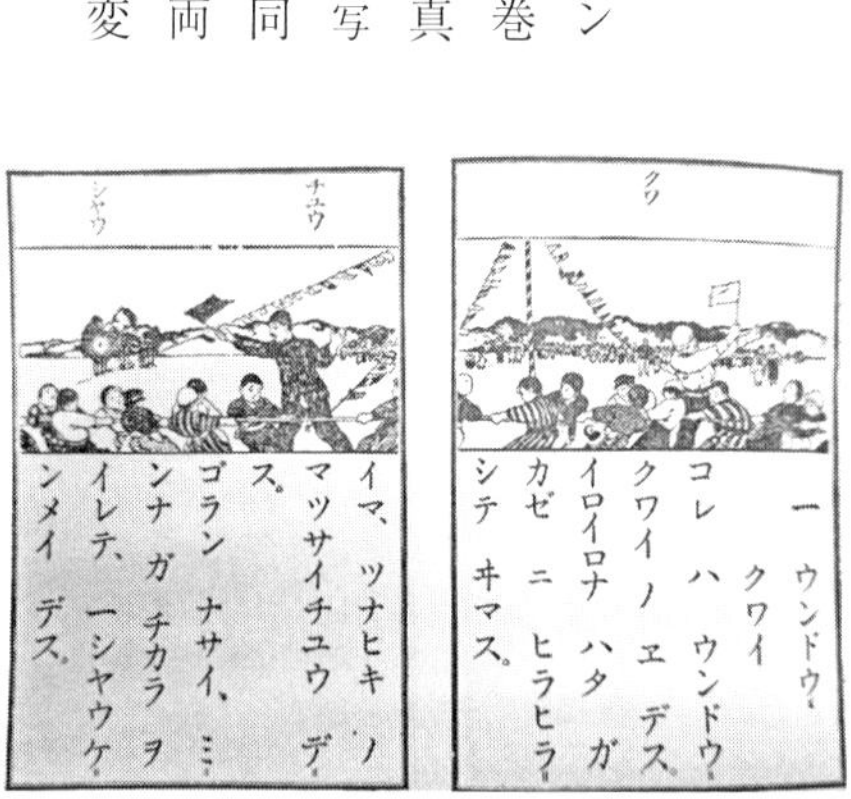

写真9―1　ウンドウカイ第三期国定読本
なお、国定読本で「ウンドウクワイ」とあるのは当時の仮名遣い。実際の発音に近づけた表音式仮名遣いを採用していた朝鮮読本は「ウンドウカイ」になっています。

実は運動会という行事は日本独自の学校文化です。世界各地でレクリエーションとしてスポーツを楽しむ学校は珍しくありませんが、学年団や紅白のチームに分かれて総合得点を競い合ったり、子どもたち全員が練習を重ねて組体操やダンスを披露したりする、それを家族が観覧して一緒に盛り上げる「運動会」スタイルは珍しいのです。

ともあれ、学校行事なので学校が運動会を開催さえすればすべての子どもが体験できます。教科書に載せる材料としてはうってつけでしょう。教材のレイアウトを借用しつつ、文章をすべて書き換えたことについて、芦田恵之介は自著でこのように述べています。

運動会の絵を説明するのはさみしい。小学校の春秋二季の運動会は、児童にとっては、お盆とお正月のようなものだ。しかもそれが所動的でなくて、能動的だ。全校児童職員の全力こめた活動が合して運動会となり、その成績をあげようとして、全校の全力を捧げるのだ。何としても絵を説明した文を読むのはさみしい。着後を試みても、更に力がはいらぬ。［芦田　一九八八ａ：八五―八六］

一　ウンドウカイ
イマ、一ネンセイ
ノ　カケッコ　デス。
「ヨウイ。」
「一、二、三。」
アレ、カケダシタ。
ハヤイ、ハヤイ。
「アカ　カツ　ヨウ
ニ。」
「シロ　カツ　ヨウ
ニ。」
一トウ、ニトウ、三
トウ、ウレシイダロ
ウ。

写真9―2　ウンドウカイ第二期朝鮮読本

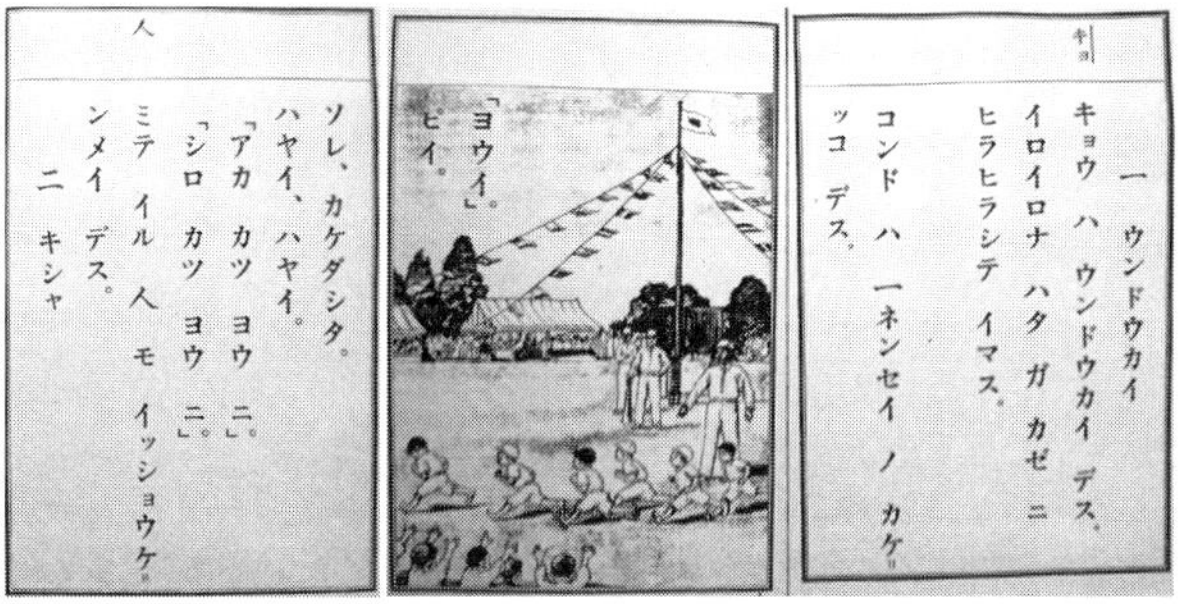
一　ウンドウカイ
キョウ　ハ　ウンドウカイ　デス。
イロイロナ　ハタ　ガ　カゼ　ニ
ヒラヒラシテ　イマス。
コンド　ハ　一ネンセイ　ノ　カケ
ッコ　デス。
「ヨウイ。」
ピイ。
ソレ、カケダシタ。
ハヤイ、ハヤイ。
「アカ　カツ　ヨウ　ニ。」
「シロ　カツ　ヨウ　ニ。」
ミテ　イル　人　モ　イッショウケ
ンメイ　デス。
ニ　キシャ

写真9―3　ウンドウカイ第三期朝鮮読本

「着後」というのは今でいう「指導の着眼点」、つまり教材研究をして板書内容や発問といった教師の活動を考えることを指します。第三期国定読本のように「コレ　ハ　ウンドウクワイ　ノ　エ　デス（これは運動会の絵です）」と絵を説明するような教材では、授業を考える意欲がわかないと批判しているわけです。そして、参考例として第二期朝鮮読本の「ウンドウカイ」の教材文を掲載し、これが改良案の一つだと書いています。この説明を受けて、改めて写真9―1と9―2を見比べてみてください。いかがですか。改良の効果は表れているでしょうか。

第三期朝鮮読本では、第二期の教材文をベースにしながら、第三期国定読本の教材文を参考にして、冒頭の段落とまとめの一文をつけ加えています。その結果、教材文が長くなり、見開き二頁ではなく、三頁使うレイアウトに変更されています。それぞれの編纂趣意書には、次のように説明されています。

第二期朝鮮読本・編纂趣意書

「イマ、一ネンセイノカケッコデス。」は作者の説明であって、「ヨウイ」「一二三」は競技指揮者の号令である。「アレ、カケダシタ。ハヤイハヤイ。」は作者の歎称*である。「アカ　カツヨウニ。」「シロ　カツヨウニ。」は運動会の参加者が、紅に対し、白に対して応援する声で、「一トウ、二トウ、三トウ、ウレシイダロウ。」は作者の勝者に対する羨望である。この課は一学年の徒歩競争の有様を描写したのであって、全く児童の直接経験の範囲である。しかしこの文には極度の省略がしてあるから、教授者は適当に填充して取扱うがよい。［朝鮮総督府　一九二五ａ：二三］

＊歎称《たんしょう》　深く感心して褒めること。

第三期朝鮮読本・編纂趣意書

「キョウハウンドウカイデス。」より「コンドハ一ネンセイノカケッコデス。」までの間に一行あけてあることによって時間的経過のあることを見逃してはならない。此の文章は作者の説明、指揮者の号令、作者の歎称、観覧者の応援の声などが、畳み込まれた相当に複雑な表現である上に活動的であることに留意したいものである。［朝鮮総督府　一九三〇・八］

双方とも、指揮者の号令、作者の感嘆や応援の声といった臨場感のある表現に留意していることは変わりません。ただ「ウンドウカイ」とタイトルだけで状況を示し、「イマ、一ネンセイノ……」と唐突に始まってしまう第二期朝鮮読本に比べ、「キョウ ハ ウンドウカイ デス。」と最初に説明と校庭の描写を置いた第三期朝鮮読本は、唐突感が消え、読みものとして洗練されています。第二期の「ウンドウカイ」には「極度の省略」があった、その極度の省略によってわかりづらくなっていた部分を補う加筆修正をしたものが第三期の「ウンドウカイ」だということです。冒頭の説明から一行空けて「カケッコ」の場面に変え、一頁使って挿絵と「ヨウイ。」「ピイ。」を重ねて児童が駆け出す様子を見せる。そして頁をめくると「ソレ、カケダシタ。」と競技と声援の描写・説明に入る、このレイアウトは、編纂趣意書にある「作者の説明、指揮者の号令、作者の歎称、観覧者の応援の声などが、畳み込まれた相当に複雑な表現」をわかりやすく、教えやすいようにフォローするものになっています。

「ウンドウカイ」は、第四期朝鮮読本では「キノウハ　ウンドウカイ　デシタ。」の書き出しで始まる作文風の教材に再び改訂され、第五期朝鮮読本でもそれが継続採用されています。一方、国定読本では第四期で運動会に関わる教材が姿を消し、第五期で「アシタハ」の書き出しで始まる子どもの作文風教材が再び登場します。実際に行われる／行われた行事についての作文を模した文章を教材にすることは、読解から「書く」活動や「話す」活動へと展開を広げるための工夫です。ただ、過去にあったことを思い出して書くことに比べると、予想や心情を書くことは抽象度が高く、書くハードルが少し上がります。国定読本では掲載がなくなったり、抽象度の高い表現を学ぶ教材に変わったりした運動会の教材が、朝鮮読本では実際のできごとを思い出して考えたり書いたりできるスタイルのまま継承されていることも、朝鮮読本の独自性といえるでしょう。ここでもやはり国語教育（母語教育）の実践知に、母語ではない日本語を学ぶ子どもに向けた配慮が加わるという朝鮮読本の特徴が確認できます。

三　芦田恵之助を考える

もう既に、何度も名まえが出ていますが、ここで第二期朝鮮読本を編纂した芦田恵之助という人物について、改めて紹介します。最初に書いたように、大学で国語科教育を学ぶ者で芦田を知らない人はいません。なぜなら現在の日本で教育を受けている私たちが、ごくあたりまえのこととして経験してきた国語の授業方法にも芦田の功績はたくさん含まれているからです。授業展開まで見通した教材づくりの知見を朝鮮に

○コラム・7

樋口勘次郎と大正自由教育

樋口勘次郎は今でいう「総合学習」を日本で行った最初の人物です。

当時、教員が前で話すことを子どもたちは静かに聴く、受動的な一斉授業スタイルが主流でしたが、樋口は活動を通して子どもたちの興味や関心をひきだし、より積極的、自発的に学ぶ活動主義の教育を唱えました。また、そのためには教科の枠を超えた横断的学習が効果を発揮すると考えました。

有名な実践が一八九六年の「飛鳥山遠足」で、小学二年生の子どもたちと上野の不忍池から日暮里、田端を経て飛鳥山というコースの遠足を軸にした一連の授業実践です。

子どもたちに地図をもたせ、動物園や博物館の位置を地図と対照させる学習、道中に見つける植物や田畑の様子の観察、田端操車場の見学、そして後日、遠足の一日を作文にしてふりかえるという実践です。

自然や産業に関する知識として遠足で見聞きしたものを確認、整理していく作業として作文を活用する授業は現代では珍しくありません。しかし、こ

持ち込み、定着させるのに大きな役割を果たしたのも、芦田でした。

1　芦田恵之助の功績――随意選題《ずいいせんだい》主義綴り方

芦田は兵庫県で小学校の教員をしていました。その後、東京高等師範学校（現在の筑波大学）附属小学校に転じ、樋口勘次郎《ひぐちかんじろう》に教えを乞います。その樋口の薫陶《くんとう》を受けた芦田は「随意選題主義綴り方」を提唱、その実践と理論を著した『綴り方教授』（一九一三年）を公にしたことで、一躍有名になります。

樋口の実践をはじめ、子どもの自主性を重んじる教育が広がりつつあったとはいえ、芦田の随意選題主義は小学校の現場に大きな衝撃を与えました。模範文・お手本がなく、子どもが自由に思いついた題材を書きだし、そこから選んで、自分のことばで書き進めるので「随意選題主義」と名づけられています。子ども一人ひとりが個々それぞれの作文を書いていくので、教員には一人ひとりの個性や能力を考えながら指導する力が求められることになります。

芦田の主張が注目されたのは、随意選題主義綴り方を指導するために教員に必要な能力についても詳細に述べていたからでした。子どもが綴り方を「随意に（自由に）書く」ためには、子どもが自らの生活を内省し、書きたいことを見つけ、材料を整理する力が必要です。また、内省のために書く、さらには読み手に伝えたいことを考えながら表現を工夫して書くといったことまで見通して指導するためには、教員が子どもの生活を知り、内省をうながす指導や、学習したことばの運用力を伸ばす指導をすることが不可欠だと説きました。つまり、単に作文指導の方法論にとどまらない、子ども観、

の当時の作文（綴り方）はお礼状や近況伺いの模範文など、お手本をまねて書くことで書式や叙述の方法を学ぶ「課題主義」が主流でした。遠足も身体の鍛錬が目的で、校外学習的なものとは認識されていない頃でしたから、樋口の実践は斬新で注目されたわけです［中野　二〇〇八など］。

教育観に深くかかわる主張であり、指導者としての教員の修養、いわば教員養成の視点も含んだ提言でした。

「随意選題×課題主義」の論争はさまざまな教育雑誌や教員の研究会で活発に行われ、一九二一年一月、九州小倉において課題主義の論客であった友納友次郎《とものうともじろう》と芦田の直接対決が行われます。この小倉講演会で随意選題主義*の優位が決定的になり、芦田は国語教育を牽引する教育者としてその名を確かなものとします。そして、この年の一〇月に芦田は朝鮮に赴任するのです。

こういった芦田像と、日本統治下の朝鮮で教科書をつくる仕事が、どうにもミスマッチに思えたことは「はじめに」で書いた通りです。武断統治と独立運動への反省から緩やかな統治政策に変えようとしていた時期とはいえ、植民地は植民地です。土地所有のあり方や農業の進め方に介入して搾取と収奪を行う構造は変わりませんでしたし、先にみたように教育目標も、日本統治に反発しない、朝鮮人であることを忘れて日本人だと思う人びとを育てる「同化」にありました。

2　芦田恵之助の人間観・社会観

朝鮮読本編纂に際して、芦田は「読本は足の裏で書くものだ」と言い、実際に朝鮮半島各地へ取材に赴きました。自ら題材を発見し、構想を練り、綴る、いわば芦田自身が随意選題主義綴り方を書いていたといえます。一九三六年に雑誌『教育』の主催で行われた「芦田恵之助にものを聴く会」**という座談会のなかで、芦田はこのように述べています。

＊随意選題論争

「随意選題論争」については『日本教育論争史録』第二巻（一九八〇年、第一法規）二五八―二八一頁で、小倉での友納と芦田の講演録を読むことができます。「対決」と銘打たれていますが討論が行われたわけではなく、同じ会場で順に講演し、どちらが良いかは聴者がめいめい考え判断するという企画でした。

この講演会のために小倉入りした友納と芦田は同宿し、子どもたちに国語の力をつけたいという願いで意気投合したと『恵雨自伝』で芦田は書いています（恵雨は芦田雅号）。

自分の書きたいことを書くという、私たちにとっては疑問すら浮かびにくい「あたりまえ」の作文指導も、そこに至るまでにはさまざまな人びとの挑戦や努力があったということです。

綴り方は、どうしても自分が人になるための文を綴るのだという心を持ち、天才の豊かなもので後に文学者となるにしても、小学教育では自分の足で自分の生活をしっかり踏まえ、自分の安心する所を書いて行くというのが教育的綴り方の狙いどころじゃないか。〔芦田　一九八八：三四〇〕

無理に背伸びをせず／させず、身の丈に応じたところで、精いっぱい努力する／させることが尊いというのが、芦田の教育観の根幹でした。「自己を綴る」「自己を読む」とも芦田は表現しますが、人は自分の能力以上のものは書けないし、読めない。大切なのはそれを理解して、現在の自分の到達点を知り、次に向けて努力することであり、その不断の営みが学習だという教育観です。非常に内省的です。

朝鮮読本・南洋読本編纂の仕事を終えた一九二五年に公刊した『第二読み方教授』巻頭で芦田は、「世相の推移」と題し大正デモクラシーの隆盛について自分の考えを述べています。第一次大戦後におしよせた「民本思想」によって世が活気づいたことを「従来はただ因習的に、他のために生きる傾きであったものが、己のために生きる傾きにかわったのだから」当然であると評価しつつ、あまりに変化が急激であったため、理念をはき違え、「皮相に流れた」動きが多いと嘆き、以下のように書いています。

双方共に正しい道の上にたって、利益の分配をなすべきではありませんか。そこに資本家も労働者も感謝する念を生じ、労働者も亦《また》資本家に感謝する念がわく

＊＊「芦田恵之助にものを聴く会」　全集の「解題」によれば、数え六四歳を迎えた芦田を招いて国語・綴り方教育の発達史（主に小学校での）を振り返るという主旨で同年四月九日に開催され、出席者は石山脩平、今井誉次郎、谷川徹三、西尾実、編集部から城戸幡太郎、山下徳治であった。

のです。（中略）労働者がめざめることを大切だと思いますが、資本家の覚醒はさらにそれよりも大切です。（中略）所が今は権利と義務の念が強く、それがために滑らかに解決すべき事も、こじれて持ちも下しもならぬようになります。何にしても、自己にめざめることは尊いことですが、それを同時にはき違えたら、国の禍です。静かに安んずべき境地を求めなければなりません。［芦田　一九二五：九―一三］

芦田が労働運動を「（権利の）はき違え」ととらえていたことがわかります。芦田のいうように資本家と労働者が双方に感謝し、対等に利益を分け合うことができれば、確かに理想的です。ではなぜ労働争議（賃上げ要求・労使契約の適正化要求などの交渉、ストライキなど）があるのでしょう。それは資本家と労働者の立場が対等ではないからです。現在の日本国憲法では労働者が組合をつくり、団体交渉をする権利が認められていますが、それは立場の弱い労働者側は団結して集団になることでようやく資本家（雇用者）と対等に交渉できる力を得るから、という考えからきています。

残念ながら、芦田惠之助は労働者の実情や、労働運動の理念をあまり理解していなかったようです。芦田のこの見解は民本思想によって組織された運動に参加する個人の主体性の有無についての疑問から始まっているのですが、常に内省的に「自己」を見つめてきた芦田の信念からすれば、団体としての要求ばかりが目立つ労働運動からは個々の労働者の暮らしや思いが見えず、不信感を抱くのも当然だったかもしれません。晩年、戦後民主教育改革の思潮にさらされた芦田は「封建時代にはたらいた自分を、民主的に切り換えなければ」と考え、「本を読んでみました。凡庸な私には、自己以上のもの

○コラム・8
民本思想

現代の私たちの社会も芦田が生きた時代の社会も資本主義社会です。資本主義社会では競争と格差がつきものですが、その構造が社会的に力のある・立場の強い人と、社会的に力を奪われがちになる・立場の弱い人という力関係の不均衡を生み出します。個人の能力・努力の有無だけで解決しきれない、こうした構造的な格差の問題に向き合い、解決しようとした大正期の社会運動とその考え方を総じて「民本思想」と呼びます。

現在でもさまざまな職場でハラスメントが問題になっていますが、これも職場内で上司と部下、正規雇用者と非正規雇用者といった不均衡な力関係があるから起きる問題です。力関係が対等でない双方に対して、同じように歩みよりを求める芦田の態度はいかにも平等そうで、実のところ弱い側に負担を押し付けるものといえます。

を解することは出来ませんでした。私は児童に直接して、事実の上から自得する他に、道はないと決心」して教壇行脚《あんぎゃ》に向かいます［芦田　一九五一：一一九］。民主主義、基本的人権といった価値を理解しきれないことを自覚し、最後まで学ぶことを貫いた、内省的な教育者の姿がそこにあります。

しかし過剰な内省は、すべての原因を自己の内に求めることで環境や社会にある要因を考える目を曇らせます。個人の力を超えた社会矛盾や、社会が個人に強いる不当な待遇に気づくことを遅らせ、個人の尊厳を傷つける結果を招くこともあります。植民地統治という不当な状況のなかで生きる朝鮮の子どもたちに対して内省を求めることは、弓削幸太郎が示した「同化」とまさに親和的にはたらいて、弓削が望む「効果」につながるものでした。芦田はまた、こんな言も残しています。

（日本で発達を遂げた欧米の文明が：引用者注）併合以前から、不完全な連絡船で、半島に流れはじめましたが、近年はその勢が日に日に加わるばかりです。昔は朝鮮から内地に流れ、今は内地から朝鮮に流れています。昔は昔、今は今と観ずる所に、内鮮*進むべき道もわかり、融和の必要も解せられるのです。［芦田　一九二五：一八四］

日本が朝鮮を統治することは時の流れで仕方がないことであり、受け入れることが「自分の生活をしっかり踏まえ」た「静かに安んずべき境地」だととらえ、その前提の上で「朝鮮の子どもにとって、より良い教科書」を芦田は追及していました。それでも、芦田が編纂した第二期朝鮮読本は軍人や戦場を描く教材や国史教材**の採用が少ないと

*内鮮
「内鮮」は、当時「日本と朝鮮」の意味で用いられた語ですが、「朝鮮」を「鮮」一字で略して示す用法は、朝鮮に対する見下しを示す差別的な用法だとされ、現在は使うべきでないものだということも注記しておきます。

**国史教材
日本史の史実に、伝承を織り交ぜた英雄譚など。

批判され、総督府の官僚たちと衝突したことをうかがわせる記述が『恵雨自伝』にあります。具体的な衝突の内容は不明ですが、六年制になった普通学校のために巻十二までつくる予定で赴いたのに、巻八までで任を解かれた背景にも、その軋轢《あつれき》が関わっていたようです。ともあれ、芦田は当時の多くの日本人がそうであったように、朝鮮が日本の植民地であることや同化政策に疑問を持つことなく、それでも主観的には朝鮮の子どもたちのために穏やかで平和的な、子どもの生活を潤す教科書をつくろうと努めたのでした。

四　朝鮮読本に描かれた朝鮮と朝鮮の子どもたち

では、朝鮮読本に描かれた朝鮮、朝鮮の子どもたちはどんな姿だったのでしょうか。

1　挿絵の特徴と変化

私が初めて朝鮮読本を見たとき、驚いたのは挿絵でした。ここまでに紹介している写真を見て、みなさんはどうお感じですか。私は「日本は朝鮮で日本語を押しつけ、日本語使用を強制した」と、漠然と教わったことしかなかったので、教科書も日本の風物を紹介するような日本的な挿絵が多いだろうと勝手に思い込んでいました。しかし、武断統治時代の第一期朝鮮読本でも朝鮮服姿の子どもや大人の絵が多いし、第二期朝鮮読本になると、日本の風物を紹介する教材でない限り、人物も風景も朝鮮らしい挿絵で統一されています。たとえば「エンソク」（写真10）という教材も、単語と挿絵だけ

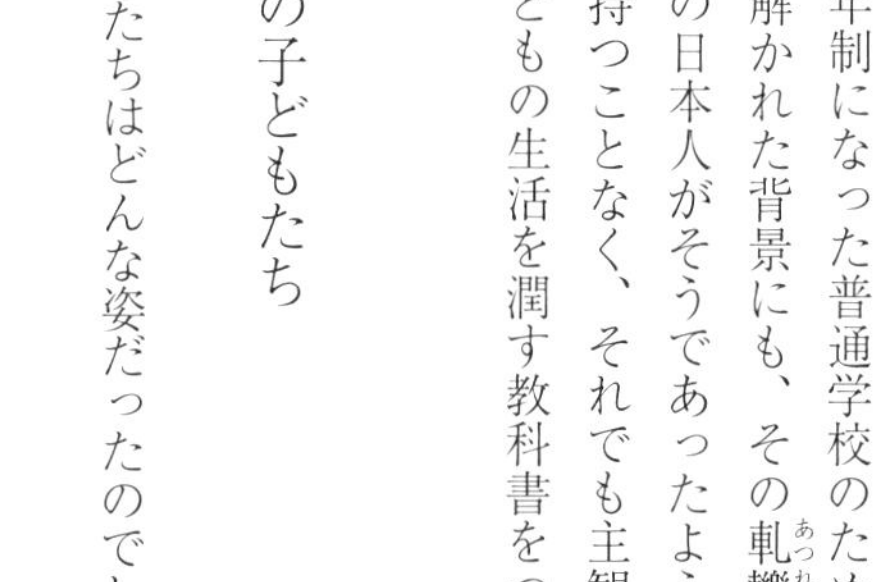

写真10　エンソク第二期朝鮮読本

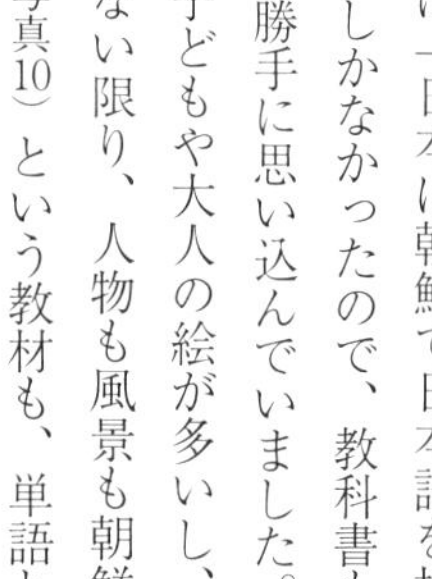
写真11―1　巻頭挿絵第三期朝鮮読本　野遊会

で構成されたものですが、シルエットになった人物は大人も子どもも朝鮮服姿です。巻頭教材の「ハナ」の挿絵（写真7―2）も国定読本の桜と違い、ツツジとレンギョウという朝鮮の人びとになじみ深い春の花が選ばれています。第三期朝鮮読本から、巻一の巻頭に文字のない挿絵だけの頁が入るようになりますが、そこでも朝鮮で「野遊会《ヤユフェ》」という春の訪れを楽しむ慣習（写真11―1）や朝鮮の伝統的な家屋や村落（写真11―2）などが描かれています。挿絵だけの頁は挿絵を見ながら、子どもたちが見慣れて知っているものについて、それを日本語で何というのか、指さしながら指導することを想定したものです。現在の日本の小学校一年生用国語教科書でも上巻の最初数頁は挿絵だけになっており、国定読本も第五期（一九四一年）には巻一の最初の四頁が挿絵のみになります（表2参照）。朝鮮ではそれに十年先んじて一九三〇年に六頁分を割いて挿絵のみの頁をつくっていたことになります。直観物を用いて日本語で日本語を教える直接法教授のために、積極的に挿絵を活用せざるを得ない事情があった朝鮮読本と、母語話者対象の国定読本では事情が異なりますが、何も知らずに形だけをみれば、朝鮮読本の方が進歩的に映ります。

　また、挿絵を順にみていくと、人物の服装が変化していることも目を引きます。第二期朝鮮読本までは教員や警官といった官職

写真11―2　巻頭挿絵第三期朝鮮読本家屋

キンサン、
オハヨウ。
ミナサン、
オハヨウ。
センセイ、
サヨウナラ。
写真12　第二期朝鮮読本

ソラ ガ アオク
ハレテ イマス。
ヒコウキ ガ
オウキナ
オト ヲ
タテテ、
トンデ キマス。
アレ、
ムコウ ノ
ヤマ ノ
ウエ ニモ
ミエマス。
写真13　第三期朝鮮読本

にある人びとが洋装なのを除いて全員朝鮮服（写真12）ですが、第三期からは子どもの姿にも洋装が混じり始めます（写真13）。第四期になると洋装の方が圧倒的に多数派になり（写真14）、特に大人の男性は基本的に洋装で描かれるようになります。興味深いのは子どもたちも含めてほぼ全員が洋装で描かれている第五期で、母親だけは朝鮮服を着ている挿絵（写真15）です。日本でも和服から洋装への転換は男性から広がり、女性にはなかなか広がりませんでした。私は服飾史までカバーできませんが、いつどんな場面でだれが何を着ていたのか、教科書はその変化を追って現実を写していたのか、逆に洋装普及を勧めるために挿絵に入れたのか、そんなことを考えながら教科書を見るのも、おもしろいと思います。

2　学校生活を描いた教材――ロールモデルの存在

先に運動会を取り上げましたが、第二期朝鮮読本では学校生活を題材にした教材が他にもたくさん入っています（以下、教材文は原文の仮名遣いのまま紹介します）。

第二期朝鮮読本　巻六　第二十五　節約

　私は書き方や綴り方の時、少し気に入らないとすぐ書きなおすくせがありますが、玉順《ぎょくじゅん》さんは一度もそれをなさったことがありません。此の間玉順さんに

「あなたは書きなおしたくはありませんか。」

とききましたら、

「よく出来ても、まずく出来ても、一生けんめいに書いたのですから仕方があり

写真14　第四期朝鮮読本

写真15　第五期朝鮮読本 親子

ません。」

とおっしゃいました。

玉順さんは書き方用紙に一字でも書く所があると、其所にきっと手習いをなさいます。

昨日綴り方の時、玉順さんは二枚目の用紙にただ一行だけお書きになりました。

私が
「もったいないではありませんか。」

というと、

「これはむだにするのとはちがいます。」

とおっしゃいました。

私はいつでも玉順さんのなさることが本当の節約というのだろうと思います。


第二期朝鮮読本には全巻に渡って、玉順（女子）・貞童（男子）というキャラクターが登場します（朝鮮風の命名ですが教科書には日本語読みのフリガナが必ず併記されています）。学習者と同学年の彼らは、巻を追って学習者と共に成長する、目標になる子ども像、ロールモデルです。「節約」では、書き方や綴り方が「気に入らないとすぐ書きなおす」のに、綴り方の二枚目が一行で終わってしまうと用紙が「もったいない」と思う「私」は成長途上にあり、常に最善の努力を心がけて、自身の「出来」を冷静に受け止め、たとえ用紙に余白を多く残しても、想を練って書いた綴り方なら「むだにするのとはちがいます」と言い切る玉順が目標とする子ども像ということになります。話題は学習態度ですが、

「よく出来ても、まずく出来ても、一生けんめい」ならば「仕方がない」と安んじて満足する――というのは先に見た芦田恵之助の価値観そのものです。

しかし宗主国／支配側にいる日本の子どもに内省を説くことと、植民地／被支配側にいる朝鮮の子どもに内省を説くことは社会的文脈がまったく異なります。芦田も、朝鮮総督府のあからさまな差別政策や日本人植民者の差別的な言動に、決して賛同していたわけではありませんが、皮肉なことに教育者として良心的であればあるほど、植民地支配に親和性を帯びるという事態に陥ってしまった、と私には見えます。

次に紹介するのは、四年生の最初に読む教材です。『綴り方教授』で芦田は一年生や二年生は新しく学んだ文字や語彙を使うことが楽しくてぐんぐん書ける時期、それが三年生になると抽象思考や内省が始まって書くことに迷いが生じる、いわばスランプに陥る時期だとし、そこでじっくり考える時間をとって丁寧に指導することで、四年生で飛躍的に成長すると述べています。この教材は、その四年生の最初に学ぶ教材*です。

第二期朝鮮読本　巻七　第一　級会

級会の出来たのは三学年の二学期でした。朴さんが転校した時、送別会をひらいたのが其の第一回で、それからは時々お話の会をしたり、遠足をしたりしました。四年生になって、此の間始めて級会をひらきました。其の時先生が

「級会も今までいろいろな事をして来ましたが、今年はめいめいが日々しなければならない事を、どうしたらりっぱに出来るかを考へてみたいと思ひます。」

とおっしゃいました。皆は之を聞いて、それぞれ考を話しましたが、大てい学科

＊教材と仮名遣い

四年生から徐々に国定読本の仮名遣いに合わせていく方針のため、「節約」と「級会」では仮名遣いが異なります（ただし「級会」の仮名遣いも完全に国定と同じではありません）。「考えて」の「え」は「へ」と表記するのが「国語」本来の仮名遣いだと四年生から教わるわけです。この教材は初めて内地式仮名遣い（旧仮名遣い）を学ぶ教材でもあります（三年生までは表音式仮名遣い）。そこで内容的には新しい知識を入れず、日常生活の延長で読み取れるものにしたと考えられます。あるいは教科書でこうした内容をとりあげることで、普通学校での級会の普及や生活指導方針の統一をねらったかもしれません。

のことでした。先生は

「学科も大事ですが、其の外に大切な事がいくらもあります。教室の掃除・履物のせいとんなどは、皆さんの日々しなければならない事です。学用品のしまつや、靴みがきや、手足を清潔にする事などは、自分でしなければならない事です。」

とおっしゃいました。すると、そっと自分の机のふたをあけて見た者がありました。手のよごれて居るのを、気にして居る者もありました。先生は笑ひながら、

「自分の手足や机の中が、いつでも心配にならないやうに、きれいにしておかうではありませんか。」

とおっしゃいましたので、皆も笑ひました。

「皆さん、先生のおっしゃる通りに致しませう。」

と玉順さんが言ひました。すると、誰かが

「大へんだよ。そんなにしたら、復習や予習をする時間がなくなる。遊ぶ時間も少しはほしいからね。」

と言ひました。貞童君が

「僕は今まで何事もうっちゃって居たから、自分のことを自分でするのは、大へんだとは思ふが、毎日気をつけて居たら、わづかな時間でりっぱに出来るだらう。」

と言ひました。

そこで級会の考がきまりました。さうして今から実行することにしました。

級会（クラス会）は、樋口勘次郎の活動主義の流れをくむ教育活動です。教材内にあ

る「送別会」「お話の会」「遠足」などは子どもにとっても楽しい活動でしょう。編纂趣意書には、「三学年の第二学期に転校生の送別会をしたのが級会のはじめで、四学年の初にはその形態だけはととのったのである。そこで受持教師が会の精神を吹込んで、会として完全なものにしようとした」「修養の範囲が学科以外にないものと思ってゐる児童の通弊《つうへい》（ありがちな悪いところ：引用者注）」「その範囲を学科以外の日常生活に展開したのは着眼の指導」「着眼啓発の所、特に注意して」取り扱うようにと書かれています［朝鮮総督府　一九二五：四］。自らの生活態度を内省して、集団生活を有意義なものにしようと前向きな発言をする玉順と貞童に対し、「遊ぶ時間も少しはほしい」と口をはさむ子どもには名が与えられていません。どちらに価値が置かれているかは明らかです。

ここでもやはり、学級という小社会で生活する「めいめいが日々しなければならない事」を内省させることが眼目で、小社会の中の人間関係を考えたり、小社会を取り巻く外の社会に目を向けたり、といった展開は起こりません。「大へんだよ」という不平をもった子どもが、「毎日気をつけて」「りっぱに出来る」でしょうか。できなかったときはどうするのでしょう。三年生で学習した「節約」と結び付ければ、それも自己責任で済まされ、子どもそれぞれの特性や育ちの背景は看過されてしまうのでしょうか。あるいは、義務教育でもなく一部の富裕層しか通えない現実のもと、普通学校内でそうした心配は不要だったのでしょうか。いずれにしても子どもの内発的動機、主体的活動を重視するといいながら、子ども一人ひとりによりそって考える視点は弱いと感じてしまいます。学校生活は確かに子どもに身近な題材ですが、学校が――さらにいえば朝鮮総督府が――求める子ども像をくりかえし提示する徳目主義的な内容は、子どもにとって魅力的といえたでしょうか。

内省は大切です。努力する自分を評価し、自信をもつことは自尊感情の基礎ですし、自分にできること、できないこと、わかること、わからないことを知り、次に何を学ぼうかと考えることや、自分がやりたいことをきちんと自覚できることは自分自身を大切にするための基盤になる力です。ただ、これらの教材に描かれた「自己」修養・努力の称揚が、社会の矛盾や不合理に目を向けることを阻む方向にはたらき、結果的に朝鮮統治に逆らわない朝鮮人を育てることに貢献してしまうものになったかと思うと、改めて教育に携わる者が何をめざせばよいのかを考えさせられます。それを、時代の限界だからしかたがないとするのか、いや、どこかに抗うすべがあったのではないかと考え、史料からそれを追究しようとするのか――歴史研究には常にその問いがつきまとうのだと改めて思います。

3 現地取材された教材（古代王の伝説）

朝鮮らしい教材の代表格は朝鮮の神話や伝承に取材したものでしょう。古代新羅の「脱解王伝説」教材は第一期から第三期までの長期にわたって朝鮮読本に掲載されたものです。

第一期朝鮮読本　巻四　第二十二課　卵 から 生れた 王

昔 内地 の 或る 所 で、そこ の 長 の 妻 が 子 を 生みました。ところが それ は 大きな 卵 で ありました。不吉 だ と いう の

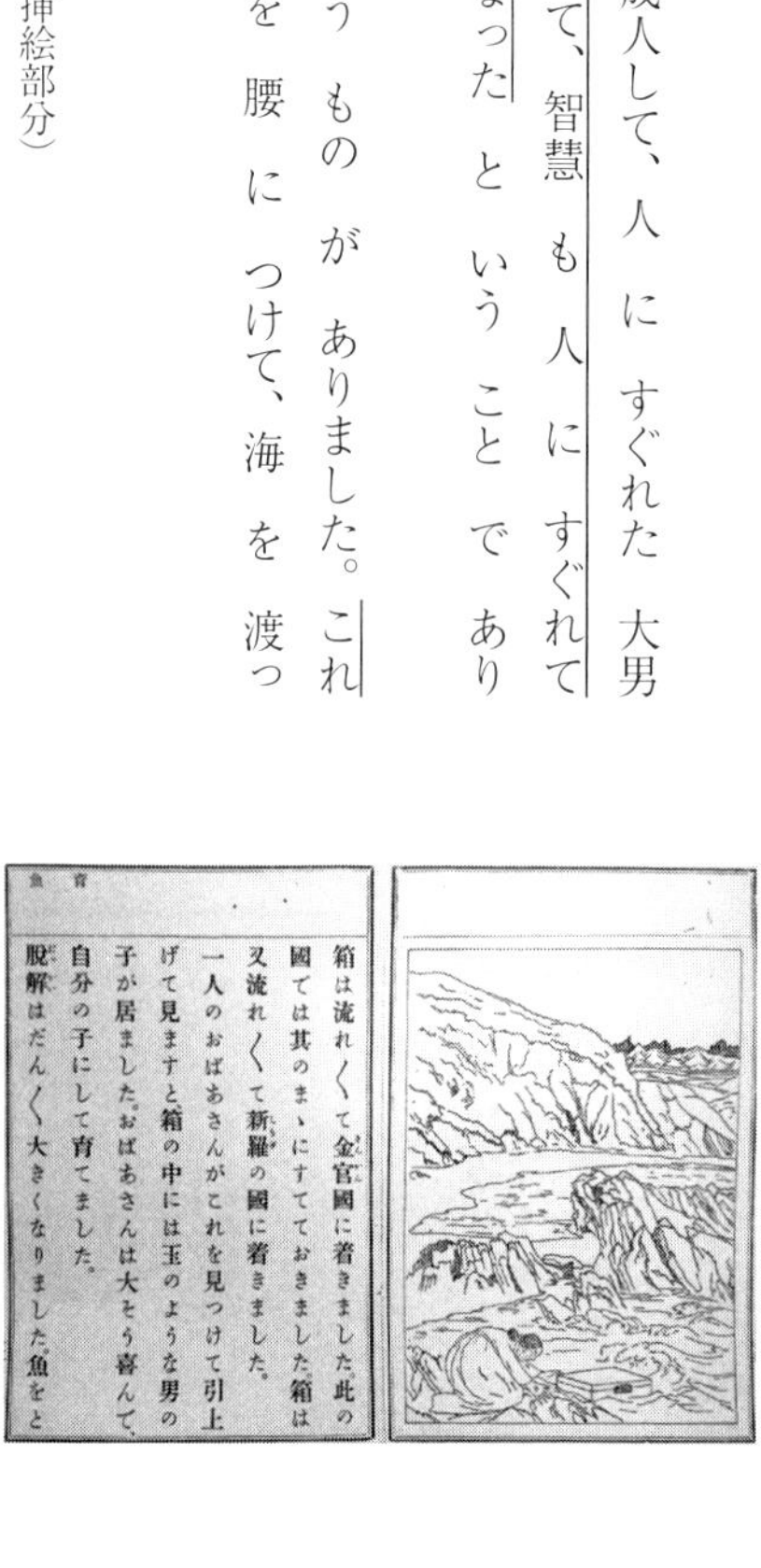
箱は流れ〱て金官國に着きました此の國では其のまゝにすてておきました箱は又流れ〱て新羅の國に着きました。一人のおばあさんがこれを見つけて引上げて見ますと箱の中には玉のような男の子が居ました。おばあさんは大そう喜んで、自分の子にして育てました。脱解はだん〱大きくなりました魚をと

写真16　昔脱解 第二期朝鮮読本の挿絵

で、 其の 卵 を 美しい 箱 に 入れて、 海 に すてて しまいました。

（中略）

そうすると 此の 小児 が だんだん 成人して、 人 に すぐれた 大男 に なりました。 顔 かたち が けだかくて、 智慧 も 人 に すぐれて いましたが、 ついに 新羅 の 王 に なった と いう こと で あります。

此 の 人 の 臣下 に 瓠公《ここう》 と いう もの が ありました。 これ も 内地 の 人 で、 大きな ひょうたん を 腰 に つけて、 海 を 渡って来た と いう こと で あります。

第二期朝鮮読本　巻五　第五　昔脱解《せきだっかい》（写真16挿絵部分）

新羅の王に昔脱解と申す方がありました。

王の父は多婆那国《たばなのくに》の王でしたが、脱解が七年の間母の胎内に居て、大きな卵でうまれましたから、「不吉だ。海にすてよ。」ときびしく命じました。

（中略）

脱解はだんだん大きくなりました。魚をとることが上手で、毎日海へ出てはたらきました。そうして親切におばあさんをやしないました。或日おばあさんは脱解を呼んで、いろいろ脱解の身の上を話しました。そうして「今から学問に志してりっぱな人になれ。」と教えました。

其の後脱解は一心に学問をはげみましたので、程なく人に知られて来ました。

そこで国王は脱解をお召しになって、まつりごとの御相談をなさいました。

脱解は六十二歳で王位をつぎました。今の月城《げつじょう》は此の王様がおすまいになった所だと申します。

第三期朝鮮読本　巻六　八　昔脱解《セキダッカイ》

新羅ノ王様ニ昔脱解ト申スオ方ガアリマシタ。

オトウ様ハ遠イ東ノ多婆那《タバナ》トイウ国ノ王様デシタ。


（中略）


脱解ハズンズン成長シテ、見事ナ若者ニナリマシタ。魚ヲトル事ガ上手ナノデ、毎日海へ出テ働イテ、親切ニオバアサンヲヤシナイマシタ。

或日オバアサンガ脱解ニ、ソノ身ノ上ヲ話シテ、「オ前ハ人ナミスグレタ生マレツキダカラ、今カラ学問ニ志シテ、リッパナ人ニナルヨウニ。」トサトシマシタ。

ソレカラ脱解ハ一心ニ学問ヲハゲンダノデ、程ナク人ニ知ラレルヨウニナリマシタ。ソコデ新羅ノ王様ハ脱解ヲオ召シニナッテ、マツリゴトノ御相談ヲナサイマシタ。

脱解ハ二代ノ王様ニ仕エタ後、六十二サイデ王位ヲツギマシタ。慶州ノ月城ハ、此ノ王様ガオスマイニナッタ所ダト言イツタエラレテ居マス。


引用中、傍線部は脱解王の出身地や人柄に関する記述です。新羅第四代昔氏脱解王とその臣下の瓠公《ここう》にまつわる神話は朝鮮の歴史書『三国史記』や『三国遺事』などに残されており、朝鮮半島の東側にあった新羅と海を挟んで日本列島に交流があったことを示す伝説です〔朴栄濬　一九七五〕。朝鮮統治を正当化するために日本と朝鮮は民族的・言語的に根はつながっているのだとする「日鮮同祖論」を盛んに喧伝していた日本にとって、古代朝鮮王の一人が日本出身（かもしれない）という内容はまさにそれに見合う格好の材料でした。

第一期朝鮮読本では脱解王の出身地を「内地（日本）」と明記し、その人柄が「けだかく」「すぐれて」おり、臣下にも日本人がいたと追記することで、古代朝鮮と日本の結びつきをことさらに強調しています。しかし第二期朝鮮読本では「内地」を明記する叙述は姿を消しました。三一独立運動後であるため、あからさまに「内地」を強調することを控えたのでしょう。しかし芦田恵之助は『第二読み方教授』でこの教材を紹介する際、「倭国―九州―の東北―千里多婆那国―丹波？―あり」〔芦田　一九二五：一八五―一八六〕と、「多婆那」が日本である（丹波は兵庫県の地名で、芦田の故郷です）との認識を記し、編纂趣意書でも「この話は史実のようで、伝説のようで、童話のようである。一面には日本海を交通路としていた古代民族と新羅の関係を物語つているように思う。編者は内鮮に関する意義深き教材として選んだのである」と書いています〔朝鮮総督府　一九二五c：八〕。したがって、教科書の表現から「内地」の表現が消えても、授業で「多婆那」が日本だと説明された可能性は残ります。続く第三期朝鮮読本では、「遠イ東ノ」と方向を示す記述を挿入して、日本を暗示する形に変更されています。また「オ前ハ人ナミスグレタ生マレツキダカラ」という台詞も増やし、日本から高貴な人物が漂流してきたという文脈を復活させた形です。

第二期朝鮮読本には他にも朝鮮の民話や伝説が多数採用されていますが、第一期から第三期までの約二十年にわたって掲載され続けたのは脱解王伝説だけでした。やはりそこに、物語としてのおもしろさや「国語」教材としての有用性だけではない、朝鮮統治方針の影響を考えないわけにはいきません。

4 朝鮮統治政策の影響――稲作に関わる教材

一九一八年、日本では米騒動が起こります。米は主要な食料品でもあるとともに投機商品でもあり、米騒動で民衆の怒りの標的になったのはシベリア出兵にともなう米価高騰をねらって米を買い占めていた商人たちでした。日本内地での米価・米流通量の安定化、その政策責任を迫られた日本政府は朝鮮産の米を利用しようと考えます。一九二〇年代から本格化した産米増殖計画にはそうした背景がありました。表向きは朝鮮の食糧増産のためでしたが、実際には日本に移出する商品として米の生産を増やすための政策でした。それゆえ日本人に人気のある品種とそれを育てるための水稲栽培法を推奨され、朝鮮の農家は水利工事のための労役や資金負担まで負わされることになります。水稲栽培法は確かに良質な米の生産量を上げましたが、一年で地力が落ちるため多量の施肥を必要としました。この米の生産に関わる教材も朝鮮読本には常に掲載され、産米増殖計画が始まる一九二〇年代以降は、国定読本からの転載ではなく朝鮮読本独自の教材になっています（表3）。

第三期朝鮮読本は産米増殖計画が始まって約十年経った一九三〇年代に使用された教科書です。その巻四（二年生後半用）の「田」と同じく巻六（三年生後半用）の「朝鮮米」

表3　朝鮮読本の「米／稲作」関連教材と朝鮮総督府農業政策

発行年	テキスト	教材（課名）	関連政策
1913	第一期朝鮮読本 『普通学校国語読本』巻三	第十五課　田うえ ※第二期国定から転載	1910.9. 土地調査事業開始 （～1918.6. 完了） 1911.4. 土地収用令公布
1914	第一期朝鮮読本 『普通学校国語読本』巻六	第二課　稲刈	《米価》 1914：籾1石3円 1919：籾1石27円
1923	第二期朝鮮読本 『普通学校国語読本』巻四	七　田 α	1920.12～産米増殖計画、土地改良事業規則発表
1923	第二期朝鮮読本 『普通学校国語読本』巻五	十四　田植	
1924	第二期朝鮮読本 『普通学校国語読本』巻七	第十五　稲の螟虫 β	1925.12. 産米増殖更新計画 1926.1. 朝鮮農会令公布 1930.10. 朝鮮米穀倉庫㈱設立
1931	第三期朝鮮読本 『普通学校国語読本』巻四	八　田 α改訂	1932.4. 北部開拓事業計画 1932.12. 朝鮮小作調停令公布
1932	第三期朝鮮読本 『普通学校国語読本』巻六	九　朝鮮米 γ	
1933	第三期朝鮮読本 『普通学校国語読本』巻七	第二十二　稲の螟虫 β改訂	1933.2. 綿花増産計画
1933	第三期朝鮮読本 『普通学校国語読本』巻八	第五　落穂ひろひ	
1933	第三期朝鮮読本 『普通学校国語読本』巻八	第二十六　朝鮮ノ農業	1934.4. 朝鮮農地令公布、朝鮮所得税令改正
1939	第四期朝鮮読本 『初等国語読本』巻二	三 イネカリ	1936.9. 鮮満拓殖㈱設立 1937.5. 朝鮮人満州移住政策 1938.5. 国家総動員法適用
1941	第四期朝鮮読本 『初等国語読本』巻六	四　朝鮮米 γ改訂	1939.10. 国民徴用令実施 朝鮮米穀臨時増産五ヶ年計画

α・βなどの記号を付したものは、同じ教材が継続使用されたことを示す

を読んでみましょう。

第三期朝鮮読本 巻四 八田
大植《たいしょく》 は おとうさん と 田 の 間 の 道 を 歩いて います。

「おとうさん、稲 を かった まま の 田 と、すきかえした 田 と あります ね。」

「よく それ に 気 が ついた ね。なぜ すきかえす の か わかるか。」

「わかりません。」

「今 すきかえして おけば、さむい 間 に 土 が こまかく なる。又 がい虫 の 卵 も 死ぬ。春 に なって、いくら てって も、土 が かたく なる しんぱい が なく、うえつけ の 時 には 手 が はぶけるし、作物 も よく 出来る。」

「そんなに すきかえす の が よい なら、なぜ みんな すきかえさない の でしょう か。」

「それ は 仕事 の つごう で まだ 手 を つけない 人 も ある だろうし、又 ひま は 有って も なまけて しない 人 も ある だろう。」


「秋耕」とは、稲刈りの後、まだ地温が高い時期に田を鋤き返す作業のことで、土中の微生物を活性化させ稲わらの分解をすすめる、つまり次年に向けての土づくりです。秋耕も地力回復のために重要な作業であるため、奨励と指導が行われていました。この教材は第二期朝鮮読本で登場し、第三期にも「秋耕」に焦点化するための改訂が施されて第三期に引き継がれたものです。第二期の編纂趣意書にはこうあります。

（前略）第二の問は、更に面白い問題に触れて来た。そんなにすきかえすということに利益があるならば、何故すべての田をすきかえさないのかという鋭い問だ。しかし父の答はよく之に応じている。秋耕の利益は知っていても、一家の中には色々事情もあり、仕事の都合もある。それで手をつけていないのがその一で、又時間はあっても、怠ってすてておくのがその二だと答えている。教授者は此の機会を以て父の答の外に、秋耕の利益を全く解しないものがあることを説くがよい。
［朝鮮総督府　一九二五b：一〇―一一］

また、雑誌『文教の朝鮮』（朝鮮教育会）一九二六年九月号には「産業第一主義と実業教育*」と題して、総督府農務課長渡邊《わたなべ》豊日子《とよひこ》が次のように述べていました。「今日の農民が知識の程度の低いということはこれは奈何ともすることが出来ないのであるが、将来のことを考えて見れば今日学校に学ぶ児童生徒の実業殊に農業に関するところの知識を涵養して行く計画を樹てることが産業振興の最も根本策である」［渡邊　一九二六：九］。

つまり統治側の思惑通りにはなかなか動かない大人に時間を割くよりも、子どもたちの教育に力を割くことで将来の産業振興に役立つ人材を増やそうというのです。第

＊「産業第一主義と実業教育」
この論文の冒頭では、七月の道視学官会議で農業教育の奨励に議論の大半が割かれたとも書かれています。

三期朝鮮読本は、この産業振興という内容を強化する目的で新編纂されたものなので、この教材が続けて掲載され、「秋耕の利益」の理解を深めるとともに秋耕を行わない怠惰や利益を理解しない不勉強な態度をいさめる内容になっていることもうなずけます。

次の「朝鮮米」は第三期朝鮮読本から登場した教材で、商品として朝鮮から日本に移出される米を擬人化した物語になっています。

第三期朝鮮読本　巻六　九　朝鮮米

私は全羅《ぜんら》北道の平野に生まれた米でございます。十月の中頃、田からかり取られ、稲こきにかけられて、籾《もみ》に成った時は、いよ〱これで一人前になったと思って、うれしうございました。五六日の間むしろの上で干されてから、籾すり器で皮をむかれて玄米に成りました。そうしてすぐに叺《かます》につめられて、倉の中に入れられました。

さて、この先はどう成る事かと思って居ると、十日程たってから、米商人に買取られて、群山に送られ、此処から汽船につみこまれて、内地へ行く事になりました。まだ見た事の無い所へ行くのがうれしくて、生まれこきょうの朝鮮をはなれることは、別に悲しいとも思いませんでした。その上、大ぜいの仲間と一しょに居るので、大そう心強うございました。

汽船の中では、色々の荷物と一しょに、暗い船底に入れられて居ました。暗いのはがまんが出来ましたが、きかいの音がたえずがたん〱とひゞいて、やかましかったのにはずい分弱りました。

○コラム・9

産米増殖計画

朝鮮での米穀生産量を上げるための政策。この政策が朝鮮南部の農業をモノカルチャー化し、鉱物質肥料を扱う日本企業（現在のチッソの前身）の進出を誘引します。肥料購入のために日本人の貸金業者から借金し、水利工事の出資や労役も負わされ、それにも関わらず、負担に見合う収穫・米の売り上げが得られなかった朝鮮人小農家の多くが窮乏、離農することになりました。離農で手放された土地は日本人植民者に渡り、日本人不労地主と雇用されて働く朝鮮農民が増加していきます。仕事を求めて日本に渡る朝鮮人が増え始めるのも一九二〇年代以降で、それまでは日本から朝鮮に渡る日本人の移動の方がはるかに多かったのです。

群山を出てから三日目に大阪に着きました。私どもはすぐ船底から出されて、又倉の中へ運ばれました。やがて倉の中へはいって来た人が、

「以前の朝鮮米は砂がまじっていたり、かんそうがわるかったりしてこまったが、近頃は大へんよくなりましたね。」

「そうです。米のけんさがげんじうになって来たからです。それに味もよいので、大そうひょうばんがよくなりました。」

と話し合って居ました。

其の中《うち》に、私どもは精米所へ送られて、白米になる事でしょう。


日本に運ばれる米に「まだ見た事の無い所へ行くのがうれしくて、生まれこきょうの朝鮮をはなれることは、別に悲しいとも思いませんでした」と語らせています。群山の港は朝鮮―日本間の物資移送の拠点港です。そこから船に積まれて日本に着き、そこで朝鮮米に対する「ひょうばん」を聞かされますが、その品定めをしているのは日本人なのでしょう。この教材は第四期朝鮮読本巻六（一九四一年）で、この「ひょうばん」の部分が加筆されます。加筆部分は次のようになっています。

第四期朝鮮読本　巻六　四　朝鮮米　より
「もと朝鮮米には、小石や赤米がまじつていたものですが、近頃は、だいぶんよくなりましたね。」
「見ちがえるほどよくなつて、たいした評判です。」

「わずかの間に、ずいぶんよくなつたものですね。」

「品種《ひんしゅ》の改良や稲《いね》の作り方に、大へん力をいれましたからね。」

「検査もげんじうだそうですね。」

「朝鮮米が、この頃のように評判がよくなつたのは、検査のおかげだといつてもい丶でしよう。」


検査に加えて、品種改良や栽培法に力を入れたことにも言及する会話が増えています。この第四期朝鮮読本の教材研究冊子が京城女子師範学校国漢研究部から出されており、そこにはこのように書かれています。

朝鮮産業の中枢であり、且将来我が国民の食糧問題にも至大の関係のある朝鮮米の一般について知らせ、その改良増殖に努力することの必要を了解させて、郷土的意義を多分に有する朝鮮米の職業的価値と共に、内鮮融和の精神の陶冶をはかる。［京城女子師範学校国漢研究部　一九三八：五一］

ここには朝鮮の人びとの口に入る米の姿はありません。「内鮮融和」というのは、内地人（日本人）と朝鮮人がお互いに融合し仲良くしましょうという、当時盛んに用いられたスローガンです。しかし日本での米の安定供給のために商品化され、その政策過程で朝鮮農家に窮乏化をもたらした経緯からいえば、「朝鮮米の職業的価値」は日本と日本人を助けることにしかありません。「融和」はだれのため、何のために必要だったのでしょうか。そもそも声高に叫ばれるスローガンは、実態がそうでない、実行が難しいことの裏返しと考えるべきです。支配している側から支配されている側に呼び掛ける「融和」は、結局のところ弓削幸太郎が述べた「同化」のバリエーションに過ぎなかったのです。

むすびにかえて

私が朝鮮読本の研究をすることにゴーサインを出してくださった恩師は小田迪夫《おだみちお》先生といい、非文学教材研究の専門家で、大阪ＮＩＥ（教育に新聞を）推進協議会の初代会長でもありました。しかし、日本語教育や植民地教育の専門家ではありません。自分の専門外のテーマにもかかわらず、小田先生が快く指導教員を引き受けてくださったことは、私にとってほんとうにラッキーでした。さらに小田先生の恩師は野地潤家《のじじゅんや》先生という国語科教育学の大家で、戦前、朝鮮に赴いた教員を多数輩出した広島高等師範学校出身でした。野地先生が学んでいたころの広島高等師範学校では、卒業後に外地に赴任するのもありふれたことだったというお話から、私は「朝鮮で『国語』を教えたのはどういう人たちだったのだろう」と関心を広げることもできました。また、芦田にかかわる資料の面でも野地先生にはずいぶん助けていただきました。

ここに書いたことは、朝鮮読本のほんの一面です。まず入門的なものをということで、各朝鮮読本が使われた時期の統治政策の概要や、そもそも日本の「国語」という教科がどのようにスタートしたのかといったことも紹介することにしました。そして芦田恵之助と第二期朝鮮読本のことを中心に、朝鮮読本の特徴といえる部分をピックアップして紹介することに努めました。

私は修士課程を終えた後、私立高校に就職し一二年間、「国語」の教員として働きました。その後、その職を辞し、いまは地域の国際交流／在日外国人の人権の問題に取り組んだり、大学で人権教育の授業をさせてもらったりしています。高校で教員をしていたころも、いま小中学校の現場の先生方と人権理念を生かした学級経営や授業づくりを考える仕事をしているときも、いつも思うことが、「子どもの側に立つ」とはどういうことなのだろうという問いです。

芦田は朝鮮や南洋群島での教科書編纂という公職を退いた後、授業行脚と称して日本各地を回りました。芦田を慕う教員のいる学校で授業を行い、現場教員たちとの交流を通じて研鑽を続けたのです。授業行脚には速記者が同行し、芦田の発問や子どもたちの応答といった授業内のやりとりがすべて記録として残っています。「同志同行」という雑誌で、授業記録を掲載し、全国の芦田門下生からの実践上の悩みや報告を誌面交流する活動も主宰しました。録画・録音といったことが困難な時代の実践記録が詳細に残っているのは稀有なことです。そういった記録や研究論文を読んでいても、芦田が国語の授業、教育に対してストイックで誠実であったことは疑う余地がありません。だからこそ、「子どもの側に立つ」とはどういうことなのだろう、と考えさせられるのです。

教員志望の学生や現場の先生方によく紹介している史料を、少し長くなりますがここでも紹介しておきます。一九四〇年二月号の『国語教育』誌に掲載された、朝鮮の女子師範学校で教える「榊原先生」と、その教え子、卒業したばかりの若い教員の手紙のやり取りに取材した記事です〔小山　一九四〇：八七―九三〕。教え子は、朝鮮人の小学校で男子八〇名（年齢的には八歳から一二歳）の担任になり、師範学校時代の恩師「榊原先生」に近況をこんなふうに報告します。

国語を読ませてみますと、一字一字はどうにか読みますのに、長い文になって来ますと一向に読めないんですもの、そんな子供が三分の一位いるのです。放課後毎日残して個別指導をしても、その子供たちは一向に判っても判らなくても平気なものですもの、悲しくなってしまいます。（略）

先生、私この頃まるで道化役者ですの。口でいくら言ってもわからない子供達でしょう、だから手真似足真似、いいえ、全身全体で芸当をやっているのですわ。コレハナンデスカ、コレハガッコウデス。コレハイエデス。コレハハタデス。コレハドナタデスカ。コレハセンセイデス。これだけ言わすのにどんなに困ったことでしょう。毎日毎時間鸚鵡《おうむ》のように繰り返し繰り返しやっていますが、どの程度判っていることとやら。（中略）これで言葉と感情とが一致する時が何時来ることでしょう（ルビ：引用者）。

手紙を受け取る「榊原先生」は「耐え忍んでやって呉れ。身体を大切にせよ」といつも返事の終わりに書き添えます。そして師範学校の生徒たちにこう教えるのです。「私達は日本語をして世界語たらしめる尖兵である。国語を鍬として世界を開拓する戦士

○コラム・10

榊原先生

榊原先生について、筆者の小山東《こやまと》洋城《よしろ》の筆はこんなふうに書いています。

朝鮮の教育は国語が中心である。榊原先生は小学校にも十年ばかり勤めた経験もあり、相当口では国語は国民の血液であるの、標準語尊重などと知ったかぶりをしたものだが、実際外地に来てみて、言葉の有難さと、言葉を教えることの困難さと、言葉を広めることの国家的意義をしみじみと感じさせられたのである。自分が苦しんでいるだけ、うら若い女教師の国語普及の苦心と熱意に泣けるのである。（中略）榊原先生は小学校に入学してから「ととさん」という呼び方を急に「お父さん」と呼びかえることを強制せられたが、現在お父さんと呼んだから父の懐かしさが湧いて来ないとはちっとも感じない所の体験を反省してみたのである。又備前に生れた榊原先生は「すどぼっこうおえんぞな」というあの懐かしい方言を思い出し、あの言葉でなければ表現出来ぬと思っていた事柄も現在標準語に近い言葉を使ってもいささかも

である。軍人が武器を敬する如く、国語を敬せねばならない」

歴史の教科書では「日本語を強制した」と簡単に説明されてしまいますが、学校でその強制を支えたのは一人ひとりの教員でした。師範学校を出たばかりの若い先生も、ここにもあるように途方に暮れながら手探りで身振り手振り、直説法教授に取り組んでいました。机上で、日本領内の者が全員日本語を理解すれば意思疎通が容易くなって国家運営しやすくなると考えるのは簡単ですが、その掛け声を実現するためには「日本語を使え」と言うだけで済みません。目標を掲げ、掛け声を高くする中央政府の方針が現場に届くとき、そこで何が起こるか。そこには教員や子どもがいて、朝鮮読本という教材があったわけです。

子どもにとって楽しい物語や、口の端に上りやすいリズミカルな教材文を工夫した芦田恵之助、直接教授法の開発に腐心した山口喜一郎から、現場で奮闘した教員の一人ひとりに至るまで、朝鮮普通学校の教育は、誠実で子ども思いの、まじめな人たちに支えられていました。暴力的に日本語を強要し、生徒や保護者から嫌われ憎まれた人ばかりなら、「日本語を強制した」罪も明瞭で、ある意味すっきりします。しかし実際には「日本語を習得することがこの子どもたちの幸福だ」と信じ、その信念で学習動機づけや日本語のスキルを伸ばす環境づくりに努力した「良い先生」も少なくないのです。実際にそういう「良い先生」と教え子の心温まる思い出を直接ご本人から聞いたことが私にも何度かあります。

この歴史から私たちが学べるのは、社会の大きな動きを疑うことなく、ただ目の前の事態に誠実に対応しているだけで大丈夫か？という問いではないでしょうか。目の

不自由なくあの事柄を表現していることを反省してみた。そんな過去にこだわるよりも、同じ家に住み乍ら、相通じない言葉を使っている方がどの位、お互に暗い心地を抱かすことであるかを反省すべきではないであろうか。明日の朝鮮には明日の言葉が必要なのである。（中略）朝鮮は今日の朝鮮だけではないのだ。明日の朝鮮に産まれかわりつつあるのだ。明けゆく黎明の時代を望んで進むのも、暮れゆく今日の姿をうつ伏して悲しむのも人によりけりではあるけれど、新東亜を築き上げる使命に生きる自分達我等東洋人、大日本人が、夜明けの空を仰いで、小さい感傷を踏みにじって行く姿の方が本当のものではあるまいか。榊原先生は常に明日の朝鮮を期待しつつ、放課時間になると教官室の窓硝子越に青い空と葉の落ち盡《つく》したポプラ並木を眺めやるのであった。

前の子どもに誠実であることは教育に携わる者の基本です。では、誠実さとは、何でしょうか。「子どもの側に立つ」ということは「教育は学習者の権利のためにある」ことを追求し続けることではないかと私は考えるようになりました。権利とは自らの尊厳を冒されそうになったとき「それは嫌だ」と主張する力です。つまり、時として子どもが直面する理不尽な状況に抗議したり、状況そのものを変えるために働きかけたり、社会の一員として、より良い社会のために行動する市民の力を身につけることが、教員である以前に人間として必要だと思うのです。

植民地支配は、力関係の不均衡を前提に、強いものが弱いものを支配していいのだ／弱いものは支配されて当然なのだという価値観が国民に浸透しなければ貫徹できません。人が人を支配することは、基本的に理不尽で不当なことだからです。不当なことを不当だと考えない人びとが増えて、実行をためらわない社会をつくることが、植民地支配や戦争を遂行するためには必要です。だから大切なのは、理不尽にあふれた時代の状況を学ぶことでそれを反面教師にし、不当な状況が二度と起こらないように、自分自身の行動の羅針盤をみつけることではないでしょうか。朝鮮読本はその羅針盤を私に伝えてくれた歴史史料の一つです。このブックレットをきっかけに、植民地時代の教育、その歴史から学ぶことに興味を持っていただけたら、嬉しく思います。

参考文献

芦田恵之助

一九二五『第二読み方教授』芦田書店。

一九五一「国語教育の回顧と展望」『国語教育講座　国語教育問題史』刀江書院。

一九八八ａ「国語読本各課取扱の着眼点　尋常科第一学年」『芦田恵之助国語教育全集14』明治図書（初出　一九二八年）。

一九八八ｂ「芦田恵之助にものを聴く会」（雑誌『教育』）『芦田恵之助国語教育全集14』明治図書（初出　一九三六年）。

一九八八ｃ「恵雨自伝」『芦田恵之助国語教育全集25』明治図書（初出　一九五〇年）。

小笠原拓

二〇〇四『近代日本における「国語科」の成立過程』学文社。

大野謙一

一九三六『朝鮮教育問題管見』朝鮮教育会。

京城女子師範学校国漢研究部編

一九三八『朝鮮総督府編纂国語読本教材要旨』京城女子師範学校。

小山東洋城

一九四〇「朝鮮国語教育漫語」『国語教育』弐月号、育英書院。

佐藤秀夫

一九八七「旧植民地時代における朝鮮人教育と教科書の役割――旧植民地・占領地用教科書の調査・研究について」旗田巍編『日本は朝鮮で何を教えたか』あゆみ出版。

朝鮮総督府

一九二五ａ「編纂趣意書」『普通学校国語読本 巻二』朝鮮総督府。

一九二五ｂ「編纂趣意書」『普通学校国語読本 巻四』朝鮮総督府。

一九二五ｃ「編纂趣意書」『普通学校国語読本 巻五』朝鮮総督府。

一九二五ｄ「編纂趣意書」『普通学校国語読本 巻七』朝鮮総督府。
一九三〇「編纂趣意書」『普通学校国語読本 巻二』朝鮮総督府。
朝鮮総督府学務局
一九二〇『騒擾と学校』朝鮮総督府。
一九二一『現行教科書編纂の方針』朝鮮総督府。
中野　光
二〇〇八『学校改革の史的原像「大正自由教育」の系譜をたどって』黎明書房。
朴栄濬編／安藤昌敏監訳
一九七五『韓国の民話と伝説　第三巻「新羅編」』韓国文化図書出版。
文部科学省
二〇一九「外国人児童生徒受入れの手引」（二〇一九年三月改訂　http://www.mext.go.jp/a_menu/shotou/clarinet/002/1304668.htm）
弓削幸太郎
一九二三『朝鮮の教育』自由討究社。
渡邊豊日子
一九二六「産業第一主義と実業教育」『文教の朝鮮』（朝鮮教育会）一三号。

《教科書史料》
国定読本は海後宗臣編『日本教科書体系 近代篇』（一九六四年、講談社）収録のもの、朝鮮読本は玉川学園教育博物館所蔵の植民地・占領地教科書コレクションによります。
なお、朝鮮第二期読本とその編纂趣意書は当時の朝鮮総督であった斎藤実に贈呈されたものが岩手県水沢市の斎藤実記念館に所蔵されています。

《朝鮮読本に関するもの》
李淑子（イ・スクチャ）
一九八五『教科書に描かれた朝鮮と日本――朝鮮における初等教科書の推移』ほるぷ出版。

北川知子
二〇〇六「国語教育と植民地――芦田恵之助と『朝鮮読本』」日本植民地教育史研究会『植民地教育史研究年報』第八号所収。
二〇〇九「植民地朝鮮の「国語科」――朝鮮読本（おもに第二・第三期）と国定読本の教材比較から」科学研究費補助金　基盤番号Ｂ（一般）研究課題名「日本植民地・占領地に関する総合的比較研究――国定教科書との異同の観点を中心に」報告書所収。
二〇一三「植民地朝鮮と「新教育」――第二期朝鮮読本（一九二三～／芦田恵之助編纂）の検討」科学研究費補助金　基盤番号Ｂ（一般）研究課題名「占領地教科書と「新教育」に関する総合的研究――学校教育と社会教育から」報告書所収。
二〇一六「産米増殖計画と教科書――朝鮮「国語読本」の教材にみる「めざす人間像」」科学研究費補助金　基盤番号Ｂ（一般）研究課題名「日本植民地・占領地教科書にみる植民地経営の「近代化」と産業政策に関する総合的研究」報告書所収。
久保田優子
二〇〇五『植民地朝鮮の日本語教育――日本語による「同化」教育の成立過程』九州大学出版会。

～さらに理解を深めるために～

●植民地・占領地での教育について

佐藤広美・岡部芳広編
二〇二〇『日本の植民地教育を問う　植民地教科書には何が描かれていたのか』皓星社。
＊このブックレットシリーズの他のものも、あわせてお読みください。

●「国語」について

田中克彦
一九八二『国語と国家』岩波新書。

中村桃子
二〇一二『女ことばと日本語』岩波新書。
安田敏朗
二〇〇六『統合原理としての国語』三元社。

●日本の朝鮮統治・在日コリアンと教育について

小熊英二・姜尚中編
二〇〇八『在日一世の記憶』集英社新書。
二〇一六『在日二世の記憶』集英社新書。
梶井　渉
二〇一四『都立朝鮮人学校の日本人教師　一九五〇―一九五五』岩波現代文庫。
徐京植（ソ・ギョンシク）
二〇一二『在日朝鮮人ってどんなひと？（中学生の質問箱）』平凡社。
趙景達（チョウ・ギョンダル）
二〇一三『植民地朝鮮と日本』岩波新書。
朴正恵（パク・チョンヘ）
二〇〇八『この子らに民族の心を――大阪の学校文化と民族学級』新幹社。
水野直樹
二〇〇四『生活のなかの植民地主義』人文書院。

●学習者の権利を考えるために

フレイレ、パウロ
二〇一八『被抑圧者のための教育学――五〇周年記念版』三砂ちづる訳、亜紀書房。

●その他、当時の空気感を疑似体験し、考えることができる文学作品

イ・ヒョン
　二〇一八『1945、鉄原《チョロン》』梁玉順訳、影書房。
キム・ソヨン
　二〇二一『ミョンへ』吉仲貴美子・梁玉順訳、影書房。
中脇初枝
　二〇一五『世界の果てのこどもたち』講談社。

1920	9	日本：文部省教科書調査会設置（9月） 朝鮮：朝鮮教育令一部改正（11月）普通学校を6年制に（ただし義務教育化はせず）朝鮮総督府臨時教育調査委員会設置（12月）
1921	10	朝鮮：朝鮮総督府教科書調査委員会開催（1月）
1922	11	朝鮮：第二次朝鮮教育令公布
1923	12	関東大震災（9月）　《第二期朝鮮『普通学校国語読本』使用開始》
1925	14	日本:治安維持法（4月）普通選挙法（5月）制定、普通出版物取締規則公布施行（5月）
1927	昭和2	朝鮮：第4代総督宇垣一成就任（4月）、第5代朝鮮総督山梨半造就任（12月）
1928	3	日本：文部省、教化総動員について訓令（4月）特別特高警察設置（7月）朝鮮：臨時教育審議委員会・臨時教科書調査委員会設置（6月）
1929	4	朝鮮：第6代総督斎藤実着任（8月）光州学生事件（10月）同盟休校多発
1930	5	世界恐慌　《第三期朝鮮『普通学校国語読本』使用開始》
1931	6	朝鮮第7代朝鮮総督宇垣一成就任（6月） 満州事変（9月）
1932	7	満州国建国（3月）
1933	8	国際連盟脱退（3月）　《第四期国定『小学国語読本』使用開始》
1935	10	日本：「天皇機関説」事件（2月）文部省「国体明徴」について訓令（10月） 朝鮮：臨時歴史教科書調査委員会、初等教育調査委員会設置
1936	11	日本：文部省『国体の本義』発行 朝鮮：第8代朝鮮総督南次郎着任、「皇国臣民の誓詞」制定
1937	12	盧溝橋事件・日中戦争（7月～1945） 日本：国民精神総動員運動始まる
1938	13	日本：国家総動員法公布（4月） 朝鮮：第3次朝鮮教育令公布（3月）学校体系の一本化（4月） 朝鮮教育三大綱領発表（総督声明）「国体明徴・内鮮一体・忍苦鍛錬」 朝鮮志願兵制度実施（4月）　《第四期朝鮮『初等国語読本』使用開始》
1939	14	日本：国民徴用令公布（7月） 朝鮮：朝鮮民事令一部改正（「創氏改名」令・11月）
1940	15	朝鮮：「朝鮮日報」「東亜日報」廃刊
1941	16	日本：国民学校令公布（3月）国民学校発足（4月） 《第五期国定『ヨミカタ』『初等科国語』使用開始》 朝鮮：朝鮮教育令一部改正（4月・国民学校令の適用） 《第五期朝鮮『ヨミカタ』『初等科国語』使用開始》 太平洋戦争(12月～1945)
1942	17	朝鮮：第9代総督小磯国昭就任（5月）朝鮮語学会強制解散（10月）
1943	18	日本：学生の徴兵猶予停止（学徒出陣・12月） 朝鮮：徴兵制度実施
1945	20	ポツダム宣言（7月）日本の敗戦／朝鮮の解放（8月）

年表　朝鮮・日本教育関係史

西暦	和暦	できごと《教科書》
1872	明治 5	日本：「学制」発布
1879	12	日本：「教育令」公布（「学制」廃止）
1880	13	日本：文部省編輯局設置、教科書の調査を開始
1886	19	日本：教科書検定制度開始
1890	23	日本：「教育ニ関スル勅語」発布
1894	27	朝鮮：東学農民運動（5 月〜）日清戦争（6 月〜）で朝鮮が戦場になる
1895	28	日清戦争講和（4 月・下関条約）台湾総督府設置、日本による台湾統治が始まる（〜 1945） 朝鮮：大韓帝国・高宗（コジョン）「教育に関する件」詔勅
1900	33	日本：小学校令改正・義務教育（4 年）無償化、「読み方」「書き方」「作文」の 3 科を統合して「国語」とする 朝鮮：大韓帝国学部顧問として幣原坦を招聘
1902	35	日本：教科書に関わる不正が続発、取締り強化、「国定」が建議される
1904	37	日露戦争（2 月〜）日韓議定書調印（2 月）第一次日韓協約調印（8 月） 日本：国定教科書の使用開始 、初等教科書は文部省編纂に一本化 **《第一期国定『尋常小学読本』使用開始》**
1905	38	日露戦争講和（9 月・ポーツマス条約）第二次日韓協約調印（11 月） 朝鮮：日本の保護国に　学制参与官として幣原坦就任
1906	39	朝鮮統監府開庁（初代統監伊藤博文） **《朝鮮『普通学校学徒用日語読本』使用開始》**
1907	40	日本：小学校令改正・義務教育延長（尋常小学校 6 年制に） 朝鮮：ハーグ密使事件（6 月）、抗日義兵闘争の広がり
1908	41	日本：教科書の発音式仮名遣い・漢字制限を廃止
1909	42	伊藤博文、ハルピン駅で暗殺
1910	43	日本：大逆事件（5 月）　**《第二期国定『尋常小学読本』使用開始》** 韓国併合（8 月）初代総督寺内正毅就任（10 月）土地調査事業に着手
1911	44	**《朝鮮『訂正普通学校学徒用国語読本』発行》** 朝鮮：第一次朝鮮教育令・各学校規則公布（8 月）「教育勅語」下賜
1912	45	**《第一期朝鮮『普通学校国語読本』使用開始》**
1916	大正 5	朝鮮：第 2 代総督長谷川好道就任、「教員心得」発布
1917	6	ロシア革命（1918 年 4 月シベリア出兵）
1918	7	米騒動（8 月〜）　**《第三期国定『尋常小学国語読本』使用開始》**
1919	8	パリ講和会議（1 月）南洋群島統治が日本に委任される（南洋庁開庁） 朝鮮：三一独立運動（3 月〜 9 月）学生の参加、同盟休校の多発 長谷川好道更迭、第 3 代朝鮮総督として斎藤実就任 日本：文部省学務局・佐久間鼎『国定小学読本巻十二のアクセント』発表

著者紹介
北川知子（きたがわ　ともこ）
1967年大阪市生まれ。
1993年大阪教育大学大学院教育学研究科（修士課程）国語教育専攻 修了（教育学修士）。
私立高校教諭を経て、現在は大阪教育大学非常勤講師および特定非営利活動法人とんだばやし国際交流協会理事、公益財団法人八尾市国際交流センター評議員。
「子どもたちに届けられた“読み物”を考える」（日本植民地教育史研究会『植民地教育史研究年報』第13号 晧星社、2011年）、「在日外国人と多文化共生」（神村早織・森実編著『人権教育への招待 ダイバーシティの未来をひらく』解放出版社、2019年）。

日本統治時代・朝鮮の「国語」教科書が教えてくれること

2022年3月15日　印刷
2022年3月31日　発行

著　者　北川　知子

発行者　石井　雅
発行所　株式会社　風響社

東京都北区田端4-14-9（〒114-0014）
TEL 03（3828）9249　振替 00110-0-553554
印刷　モリモト印刷

ISBN987-4-89489-420-4　C0022